続 仏教語源散策

中村 元＝編著

角川文庫
21066

はしがき

われわれ日本人の気づかぬところで仏教のことばが意外に生きてはたらいている。この事実をはっきりと自覚的に把捉して反省するということは、現在のわれわれにとって重要なことがらであろう。

すでに今年の四月にわれわれは新進諸学者の協力により『仏教語源散策』を刊行した。この書において、いちおう世間でよく用いられる仏教語を取り上げて説明するつもりであったが、実際にはほんの一部をかすった程度にとどまった。仏教のことばの豊富なことは、無限にひろがる大海を思わせる。そこで続篇を刊行してほしいという声が諸方面から高まったので、その要請に応えたのが本書である。

この続篇も、前回の『仏教語源散策』と同様に、読んで楽しい語源説明であり、それが同時におのずから解り易い仏教入門となることをめざした。もちろんこの二冊をもってしても決して十分とはいえないであろうが、いちおうこの二冊で重要なものを網羅したといえるであろう。

前回の書が仏教一般に関連をもったものであったのに対して、この続篇では、特に真言密教および禅に関する重要用語の説明を大きく取り上げた。したがって、おのずから趣きを異にするに至ったと思う。

執筆にあたっては、財団法人東方研究会の経営する東方学院の講師・田上太秀、津田真一、上村勝彦の三氏に適宜分担執筆してもらった。その成果に編者が若干の加筆をなし、体系組織を立てて適宜配列したものである。

この同じ出版社から刊行された『佛教語大辞典』(三巻)が辞典としての性格に制約されていたのに対して、この『仏教語源散策』は、読者が肩がこらないように、気楽に読んで頂けると思う。

この書の正続両篇を刊行するにあたっては東京書籍株式会社の宮坂正房、山本正夫両氏に大層お世話になったことを記して感謝の意を表したい。

中村　元

単行本としての再刊に際して

早いもので東書選書の一冊として『仏教語源散策』を刊行してから、ちょうど二十年になる。この間、諸方面からの要望に応える形で刊行した「散策」シリーズは計八冊を数える。おかげ様でどれも好評をもって迎えられてきた。

このたび、東京書籍からお話があって、そのうちの五冊（『仏教語源散策』『続仏教語源散策』『新仏教語源散策』『仏教経典散策』『仏像散策』）を新装単行本として刊行することになった。

執筆した当時の新進学者たちは現在、みな一流の学者となって活躍しているが、今、読み直してみても書かれている中身は全く古くなることはない。今回の再刊にあたっても、一、二の誤りを直した以外は手を加えることはしなかった。

気軽に読んでもらえる仏教入門書として、新しい読者や若い方々と出会える新たなスタートとなることをよろこんでいる。

平成十年六月　　　　中　村　元

続 仏教語源散策　目次

I　仏教の出発点

何ごとでも本来の立場あるいは出発点にもどって反省するということが必要であろうが、仏教のように長い歴史をもち、多くの国々にひろがった宗教の場合には特に必要である。仏教の本来の立場から見て、特に重要で根本的であると思われるものを、まずこの第I章で取り上げることにした。ここに出てくる用語ないし説明は、のちに発達した仏教のどの形態にも適合するものである。

仏教は「ゴータマ・ブッダ」、「釈尊（しゃくそん）」と呼ばれる一人の歴史的人物によって創始されたものであるが、日本では一般にその開祖は「お釈迦（しゃか）さま」と呼ばれている。では「釈迦」と「ブッダ」とはどういう関係にあるのか？

人間は迷っていて、しばしば「愚痴をこぼす」のが常であるが、そもそも「愚痴」とは何であるか？　しかしまた人間はさとりをもとめるが、そのさとりをもとめる心「菩提心（ぼだいしん）」とは何であるか？

仏教では人間はみな「平等」であると説き、これが世界の思想史においても画期的な点であるが、では「女人が仏になれる」とか「なれない」とか論議されたのはどうしてであるか？

こういういろいろの問題に、以下の解説は答えてくれるであろう。

（中村　元）

釈迦(しゃか)

「釈迦」というと仏教の開祖だと考える人が多いであろう。「おしゃかさま」といえばより親しみを感ずることである。「釈迦」はサンスクリット語シャーキャ(Śākya)、あるいはパーリ語サーキャ(Sākya, Sākiya)を音訳したものである。ところで、シャーキャというのは、インドとネパールの国境付近に住んでいた一種の地方豪族の名称である。仏教の開祖ゴータマ・ブッダは、シャーキャ族出身の聖者(しょうじゃ)(ムニ)ということで、シャーキャ・ムニと呼ばれる。それを音訳したものが釈迦牟尼(しゃかむに)である。近代になって、学者の間では、仏教の開祖のことを「釈尊」と呼ぶことが多くなった。それは「釈迦」と呼ぶと、部族名を指すことになると危懼(きく)したためである。しかし、「釈迦」とか「おしゃかさま」という言葉が仏教の開祖を指すことは、すでに大昔からの慣用になっているのだから、それらの言葉を用いてもむろんさしつかえない。

ところで釈迦族は、今から二千五百年ほど前、カピラヴァストゥ(カピラヴァットゥ)という小都市を中心に活動していた。カピラヴァストゥは、現在のネパール領タラーイ地方にあったとされる。仏伝によれば、釈迦族の先祖は、太陽神の氏族に属する高名なイクシュヴァーク王（甘蔗王）であるとされる。釈迦族の起源にまつわる次のような伝説がある。

昔、甘蔗王は一人の妃との間に四人の王子と五人の王女をもうけた。しかし他の妃が自分の息子を王位につけようと企て、王をそそのかして四王子と五王女を国外に追放させてしまった。王子たちはヒマラヤ山麓にたどりつき、建国した。それが釈迦族となったという。

この伝説による限り、釈迦族は当然アーリヤ系である。そしてクシャトリヤ（王族）階級に属する。ところが、カピラヴァストゥが現在のネパール領に位置することや、文献に現れた釈迦族の風俗習慣の特異性から、しばしば釈迦族は非アーリヤ系、おそらくチベット＝ビルマ系の民族ではなかったか、と想定されるようになった。しかし今までのところ、それも定説となるには至っていない。

釈迦族の領土はガンジス河の支流であるローヒニー川に面し、水田耕作にめぐまれた土地であったらしい。釈尊の回想によれば、彼は少年時代、物質的に豊かな生活を送り、使用人たちもめぐまれていたという。

しかし釈迦族の軍事力は弱小で、政治的には西南の大国コーサラ国に隷属していた。

当時、サーヴァッティーを都とするコーサラ国と、ラージャガハを都とするマガダ国が二大強国であり、釈迦族は近国のコーサラ陣営に属していた。出家修行者となった釈尊はマガダ王ビンビサーラに向かってこう述べたと伝えられている。

「王よ、ヒマーラヤの中腹に一民族あり。昔よりコーサラ国に属し、富と勇気をそなえている。太陽の家系に属する釈迦族という種族である。」

しかし釈尊の晩年、コーサラ王パセーナディの息子ヴィドゥーダバは父の王位を簒奪し、次いで釈迦族を攻めた。伝説によれば、ヴィドゥーダバは少年時代、釈迦族の人びとに下女の子と軽蔑されたのをうらんで軍をおこしたという。釈迦族はコーサラ軍の敵ではなく、全滅の憂き目をみた。しかし、それでもすっかり滅亡してしまったわけではないとみえて、釈尊の死後、その遺骨の配分に立ち会っている。

(上村勝彦)

仏陀（ぶっだ）

仏陀は、サンスクリット語ブッダ（buddha）の音訳である。「仏（ぶつ）」というのも、仏陀の略語ではなくて、ブッダの俗語形、おそらく中央アジアの言語でブトとかボート（but, bot）と発音されていたものを音訳したものであろう。古い時代には、「浮屠（ふと）」、「浮図」などと音訳されたこともある。

ブッダは動詞語根ブドゥフ（√budh「目覚める」、「理解する」、「覚醒（かくせい）する」という意）の過去受動分詞で、「目覚めた」、「悟った」という意味である。だからブッダといっても仏教の開祖であるゴータマ・ブッダを指すとは限らないわけで、「悟った人」の意味でインド一般に用いられていた言葉なのである。だから、「覚者」、「智者」などと訳されることもあった。

仏伝文学において、釈尊が誕生したとき、アシタ仙人という予言者が登場する。この点に関する限りではイエス・キリスト誕生のエピソードと類似している。アシタ仙人は釈迦族の王子の誕生を知り、ヒマラヤ山中からやってきて、生まれたばかりの王子の人相を見る。そして、「家にあれば転輪聖王となり、出家をすればブッダとなるであろう」と予言する。転輪聖王というのは、全世界の統一者である理想的な帝王のことで、現世的な世界の支配者である。これに対しブッダは精神界における救世主である。このエピソードは、その当時、近い将来にブッダが世に出て人びとを救うという、メシア信仰にも似た期待が人びとの間に存在していたことを暗示しているのかもしれない。あるいは、釈尊が生まれつきブッダとなる相をそなえていたことを、高名な占星術者であったアシタの名を借りて証言させようと、後世の仏伝作者が創り出した話なのであろうか。いずれにせよ、釈迦族出身のゴータマ・シッダールタは、三十五歳のときアシュヴァッタ樹（俗に菩提樹）の下でさとりを開いてブッダとなった。

ところでその頃、世俗のわずらいを離れ、山林にこもり、ひとりで修行してさとりを開いた人のことをプラティエーカ・ブッダ（pratyeka-buddha パーリ語 pacceka-buddha「辟支仏」、「独覚」、「縁覚」）と呼んでいた。ジャイナ教でも、ひとりで修行する人をパッテーヤ・ブッダ（patteya-buddha）と呼んだ。釈尊もそのひとりであったことになるが、後には多少とも悪い意味で、自分ひとりで真理をさとり、その体験を人に説かない覚者をプラティエーカ・ブッダと呼ぶようになった。

さて、ブッダとは目覚めた人、覚者のことであるから、釈尊ゴータマ・ブッダ以前にも、ブッダが存在したと考えるのが自然のなりゆきであった。すなわち、やがて過去七仏の崇拝が行われるようになった。過去七仏というのは釈尊をも含め、過去に存在した七人のブッダのことである。七仏の名は、ヴィパシュイン（Vipaśyin 毘婆尸仏）、シキン（Śikhin 尸棄仏）、ヴィシュヴァブー（Viśvabhū 毘舎浮仏）、クラクッチャンダ（Krakucchanda 拘留孫仏）、カナカムニ（Kanakamuni 拘那含牟尼仏）、カーシュヤパ（Kāśyapa 迦葉仏）、シャーキヤムニ（Śākyamuni 釈迦牟尼仏）である。過去仏的観念はジャイナ教にもあり、マハーヴィーラが世に出るまで二十三人の救世者が現れたとされる。また、過去七仏の七という数は、インド神話における七仙（サプタ・リシ——北斗七星に由来するか）に倣ったものと思われる。

過去仏とともに、将来仏たるマイトレーヤ（Maitreya 弥勒）の信仰も盛んになった。

その後、仏身論がいろいろと論議され、さまざまな仏陀観が現れた。さらにまた、大乗仏教の有神論・多神教的な展開とともに、多くの仏・菩薩が経典に登場するようになり、阿弥陀仏、薬師仏、大日如来など多くの仏陀が人びとの信仰を集めるようになり、今日に至っている。

（上村勝彦）

教主（きょうしゅ）

「中尊の御手の五色の線を引へつつ『南無西方極楽世界教主彌陀如来必ず引摂し給へ。』とて念佛有しかば、大納言佐局阿波内侍左右に候て、今を限りの悲しさに聲も惜まず泣き叫ぶ。御念佛の聲やうやうよわらせましましければ西に紫雲靉靆き、異香室にみち、音楽空に聞ゆ。限りある御事なれば、建久二年きさらぎの中旬に一期遂に終らせ給ひぬ」

（岩波文庫『平家物語』三八八ページ）

『平家物語』灌頂巻（かんじょうのまき）、女院御往生の件（くだり）である。

教主といえば、今時の人は、新興宗教か何かの教祖のことかな、と思うかもしれないが、ちょっと違うのであって、仏教の教法を説いた主尊のことを意味する。仏教はお釈迦さまが説いたものだから、それじゃ、お釈迦さまが教主なのか？　といえば、そう、釈尊はこの娑婆（しゃば）世界の教主である。後に仏の真理の行われる国土は十方（じっぽう）に無数にあると考えるようになったから、教主も無数にいることになる。代表的なのは、西方極楽世界であり、そこの教主は阿弥陀如来である。浄土教の人びとはこの如来を信じ、死後その清浄な世界（浄土）に往って生まれることを希求する。その他、東方の浄土すなわち浄瑠璃世界の信仰も広く行われたが、この世界の教主は薬師瑠璃光如来である。

しかし、教主という語が身近に多用され、最も重要な問題となるのは、密教・真言宗においてである。浄土真宗以外の各宗には施餓鬼会という行事があるが、私なども真言宗の僧籍にあるから、夏になると、施餓鬼組寺といって、毎年、何軒かの寺院の施餓鬼会の助法にゆく。

施餓鬼法要の中に「散華対揚」という美しい声明があるが、それは、まず散華師といって、声に自信のある僧が進みでて、「願我在道場」と、独特のふしまわしで長々と唱えると、われわれ職衆が後をうけて「香華供養仏」と唱和して、紙でできた美しい蓮弁をまき散らして仏本尊に供養するのである。

これが一わたりすると、次が対揚なのであるが、これは「対告衆が教主の徳を称揚する」意味である。対告衆とは、仏に質問を発し、仏がその人の質問に答えて教えを説く、その人のことである。釈尊にとっては、智慧第一の舎利弗（シャーリプトラ）は絶好の対告衆であったろう。密教の『大日経』では教主毘盧遮那（大日如来）の対告衆は金剛手である。

「南無法界道場三密教主舎那尊」

と、まず散華師がうたい、われわれ職衆が同一の梵唄をくり返す。次句「四方四仏証誠密教」以下九句ほどある。

われわれはふだん、別に深く意味を考えることもせずに、いい気持ちになってうなっているが、この初句はなかなか意味深長なのである。いろいろ解釈できるが、いちばん単純に考えれば、法界が道場で、それが三密に他ならず、その三密がわが密教の教主大日如来である、ということになる。これで密教の世界観、仏身観は尽されている、といってもよい。

密教徒にとっての世界とは、特定の方角とか広さとかをもったものではなく、法界、すなわち真理の領域そのものに他ならない。そこが大日如来の教法の行われる場（道場）なのである。その場を実体的にとらえれば、それは大日如来の三密、すなわち、身体と言葉と心念に他ならない。すなわち、密教とは、真理そのものである大日如来が真理そのものを説いたものである。と同時に、この道場がそのまま、この施餓鬼会の行われている道場たる本堂に他ならず、われわれ凡夫の身体と言葉と心の中の想念との三つの行為（三業）は、そのまま大日如来の三密に同じなのである。われわれが身体に大日如来の印を結び、口に大日如来の真言を唱え、心に自らが大日如来であると観ずるこの三つの行為をするなら、われわれはこの身のまま大日如来に他ならない。これが、いってみれば、即身成仏ということなのであるが、まことに言うは易いことである。

この教主大日如来の性格や本質に関する議論が真言宗の内部ではきわめて盛んで、意見が多く分かれ、古来二十数種とも、三十数種ともいう。

密教は、法身仏（すなわち真理そのもの）が説いたものである、という法身説法には変わりはないのであるが、この真理そのものがおのずとそれ自体を表現したものが、つまり、真理自体としての仏が自分自身でその真理を楽しむため、自分の反映である自眷属のために説法したものが密教であるという本地身説と、真理そのものは、それ自体では衆生を教化することができないとし、真理自体の他者に向かっての働きかけの方面が、衆生済度のために、きわめて壮麗なその姿（加持身）を曼荼羅の中尊として示現して説法する、とする加持身説との二つが代表である。前者を奉ずるのが高野山の古義真言宗で、後者をとなえるのが根来山の頼瑜や聖憲等であり、この系統が新義真言宗である。

この両者はともに、根本聖典たる『大日経』と『大日経疏』の上に根拠を有している。密教の教主とは、この本地身と加持身とが、一身の中に両立すべきものなのであろう。少なくとも私はそう考える。

（津田真一）

愚痴（愚痴）

ヴェルディのオペラ「ドン・カルロス」は私がいちばん好きなオペラで、その中でも、第三幕第三場の Stolto io fui! で始まる一節などは最も好きな部分である。自分の趣味を読者の皆さんに押しつけるのは、それこそ悪い趣味であるから、一言弁解すると、実は、「ドン・カルロス」は仏教学的に分析すると、とても面白いのである。そして、その面白さの核をなすのが煩悩、特に、「愚痴」の問題なのである。

「愚癡」は、通常は、「愚痴をこぼす」とか、「愚痴っぽい」などと使うが、要するに、いってもどうにもならないことをいって、嘆いたり、悔んだりすることで、それで自分は慰められるかもしれないが、はたから見ると、あまりみっともいいものではない。

ところが、この語は本来仏教語であって、原語をモーハ（moha）という。これは「迷う」とか「昏まされる」という意味の √muh という語根に由来するもので、例えば『成唯識論』第六に、

「云何が癡（＝愚癡）と為す。諸の理と事とに於て迷闇なるを性と為し、能く無癡

を障へ、一切雑染の所依たるを業と為す」

といわれる通り、われわれの心の奥に潜んでいて、われわれがものごとの道理と個々の事実とを正しく認識するのを障げる心の作用である。これは無明と同じことで、すべての煩悩や心のけがれは、これにもとづいて起こるとされる。煩悩の分類法はいろいろあるが、例えば三毒などといって、貪（貪欲）・瞋（瞋恚）・癡と三つ並べて、まさに数多い煩悩の横綱格である。この堂々たるチャンピオンがいかなる経過で、「愚痴っぽい」といった何かしら卑小な、みっともない雰囲気をもつようになったのか、それは私にはわからない。

さて、冒頭の歌の一節であるが、文法書と辞書をたよりに訳してみよう。

愚かなりき、われ。酷きかな、わが運命、
かくて母の名は汚されたり。
ああ、運命よ、酷き運命よ、
われは母の名誉を汚したり。
されど、ひとり神のみ能く知り給う、
このまごころに罪なきことを。

私の下手な日本語では何の感銘もわいてこないが、ヴェルディの音楽にのって名歌手がこの部分をくり返しくり返し歌うと、これは、抗うすべもない煩悩の力に翻弄されて破滅へと急ぐ人間性の悲劇の、最も美しい表現の一つに思われてくるのである。煩悩、そう、「ドン・カルロス」はまさに煩悩の劇なのである。そして、そのすべての煩悩がよってきたる根拠が、われわれの心の根底に潜むものでありつつ、しかもわれわれを超えた宇宙的な力、愚癡、無明なのである。

スペインの王子ドン・カルロスは、許婚者エリザベッタを、邪な情欲（まさに貪欲）の権化のような父王フィリッポ二世に奪われてしまう。今は母となったエリザベッタへの思慕の情（これもやはり貪欲）を抑えることができず、彼は狂ったように懊悩する。自分の美しさに慢心している女官のエボーリ姫は、それを見て、カルロスが自分を恋しているのだと早合点し（愚癡の結果）、一夜、手紙を書いてカルロスを誘い出す。カルロスはそれをエリザベッタからのものと誤解して（同じく愚癡）、約束通り王妃の庭の泉水のほとりにやってくる。カルロスはエボーリ姫の姿をエリザベッタと思いこんでいるから、まさに有頂天になって駆け寄り、熱烈な愛の言葉をとめどもなく投げかける。エボーリが喜んでヴェールをとると、カルロスはそれがエリザベッタでないのでびっくり仰天する。カルロスの態度の激変を見て、エボーリは女性の勘でたちまち事の真相をさとり、屈辱と嫉妬で「傷ついた虎」のごとくに怒り（瞋恚）、自分が王の情人であることなどケロリと忘れて、王にいいつけてやる、とわめき散らす。そこにカルロスの親友のポーザ伯がとびだしてきて、剣で刺し殺してでもエボーリを黙らせようとする。カルロスは、「悪いのは自分なのだから」とポーザ伯を制し、ひたすらエボーリに詫び、かつ、自らの愚かさと、自分をそこに駆りたてた酷薄な運命を嘆く。この場面の三重唱の、カルロスのパートが、さきの歌の一節なのである。

カルロスは、自分の愚かさを嘆く。しかしそれは、その愚かさのゆえに、彼のエリザベッタへの愛がエボーリに知られ、その結果、エリザベッタの名誉が汚され、彼女の身が危険にさらされるからなのであって、彼のエリザベッタに対する愛（貪欲）それ自体に関しては、悔むどころか、神はそれを認め給うものと確信しているのである。王の邪悪な、醜い情欲も貪欲なら、カルロスの清い愛も貪欲なのである。宗教裁判長（重要な登場人物の一人）は、神の代理人として、王の情欲を追認し、王とエリザベッタの結婚を祝福した。しからば、その神は、カルロスの愛を認める神とは別のものなのであろうか。そもそも、神が嘉し給う貪欲があるのであろうか。

また、父王が情欲の権化であるなら、カルロスは、まさに愚かさ・愚癡の権化である。そして、その愚癡が彼の美しさと高貴さに他ならないところに、性格の悲劇としての、この劇の美しさの根源があるのである。しからば、人間の美しさの根拠となるような愚癡があるのであろうか。

終幕、カルロスは酷い運命そのものである父王や宗教裁判長に対し、ついに、剣を抜いて立ち向かい、怒りとともに「神は私のために復讎するであろう」と叫ぶ。その言葉の通り、神は今は亡きはずの祖父カルロス五世の姿で出現し、宗教裁判長を戦慄させる。しからば、神をもふるい立たせる正しい瞋恚があるのであろうか。

私はさきに長々と筋を追いながら、貪、瞋、癡、慢、嫉という五つの煩悩を指摘しておいたのであるが、実はそれには魂胆があるのである。

私はこの頃「五仏即五煩悩の人間観」というのを再構成しようとしている。これは「瑜伽タントラ」（「怛特羅」の項参照）である金剛頂経系の密教の人間観であるはずのもので、実在界・絶対の世界たる金剛界は、五仏（毘盧遮那、阿閦、宝生、無量寿、不空成就）として自己を顕現するが、この五仏が即、われわれ人間の心そのものであるところの上掲の五煩悩に他ならない、というものである。

従来は煩悩とは、汚れであり、克服され断除さるべきものであった。しかし、われわれが自己の心に潜む煩悩を凝視するとき、それこそがわれわれの心そのものであり、かつ、それが、われわれ個人という小さな殻を超えて轟々と回転する宇宙そのものの圧倒的な実在性に他ならないということに気づくのである（と彼らは考えたはずである)。われわれがわれわれの煩悩を凝視し尽し、究め尽し、清め尽したとき、煩悩即仏として、われわれはこの身のままで五仏たる全宇宙的実在者すなわち大日如来に合一する。これが彼らの考えたはずの即身成仏の構想である。

この世界観を再構成する上で、いくつかの文献上の証拠があるのであるが、例えば、善無畏(ぜんむい)は五根本煩悩を貪瞋癡慢疑としたり、また『ヘーヴァジュラ・タントラ』では、貪、瞋、癡、嫉、両舌としたり貪、瞋、癡、慳(けん)、嫉とするなど、いくらかの出入りがある。これは五根本煩悩という分類法がなかったためで、三毒以外の二つに関していろいろ意見が分かれたのであろう。

私は最近フランス・ブリュッヘンというブロックフレーテの名人のレコードを買って、毎晩のように聴いているが、その中にアルカンジェロ・コレルリの〝ラ・フォリア〟による変奏曲というのがある。〝ラ・フォリア〟La Follia はヨーロッパ人ならだれ知らぬもののない名曲なのだそうであるが、その意味は文字通り「愚痴」である。この美しい曲を聞いていると、人間の愚かさと人間の美しさとが同じものであるような気がしてくるから妙である。「清く正しく美しく」というと、某革新政党の選挙用ポスターのようであるが、そんな人間とは別に、「愚かで、そのゆえに美しく」という人間の在り方もあるのであろう。コレルリとほぼ同時代のある人文主義者に次のような言葉がある。

「ああ、ストゥルティティア（痴愚）、わが母よ、
おんみより、われ、この憂き世に生まれ来、
おんみゆえ、われ、この辛き世に生くるを得たり。」

（津田真一）

菩提心

現代では、この言葉は日常ではあまり使われない。むしろ、この言葉を忘れたところに現代という時代の特徴の一つを求めることができるのではないか、というわけで、この言葉の意味を考えてみるのも一興であろう。

菩提心とは、サンスクリット語でボーディ・チッタ(bodhi-citta)、すなわち、無上菩提を求める心で、道心ともいう。仏教ではすべての善の出発点である。『六十華厳』すなわち仏駄跋陀羅訳『大方広仏華厳経』第五十九巻(入法界品)において、善財童子に対して第五十番目の善知識弥勒菩薩は、「阿耨多羅三藐三菩提心」を発して、困難な求道の旅をつづけて、ここまではるばる訪ねてきた善財童子をほめたたえ、次に百十五の譬喩によって菩提心を説明する(『大正大蔵経』九巻七七五ページ中段以下)。

「菩提心をば、則ち一切諸仏の種子となす。能く一切諸仏の法を生ずるが故に。
菩提心をば則ち良田となす。衆生の白浄法を長養するが故に。
菩提心をば則ち大地と為す。能く一切諸世間を持するが故に。

菩提心をば則ち浄水となす。一切諸煩悩の垢を洗濯するが故に。
菩提心をば則ち大風となす。一切世間に障碍なきが故に。
菩提心をば則ち盛火となす。能く一切邪見愛を焼くが故に。
……………」

「要するに善男子よ、一切諸仏の法と一切諸仏の功徳があるだけ、それだけ菩提心の功徳があり、それだけ菩提心の功徳が称讃さるべきである。何故なら、この（菩提心）から一切の菩薩の行の完全なる全体が生ずるのであり、この（菩提心）から過去現在未来の一切の如来たちは出生するからである。」（梵本による）

一切諸仏の教法、一切諸仏のすぐれた性質、それと、われわれですらそれを発することのできる菩提心の功徳とは、同等のひろがりを有している、菩提心は、一切諸仏を生み、すべてのよき人びとのよき行為を生むもの。すべての出発点である。

この、菩提心を出発点とする、という点ですぐに想起されるのは、『大日経』住心品のいわゆる「三句」である。すなわち、毘盧遮那は、対告衆金剛手菩薩から、それまでに自らが説いてきた一切智智（一切智の智慧、つまり全知者の有する智慧であるから、すべての存在者の精神の総体として、全世界に普遍する絶対的精神、法身としての毘盧遮那。毘盧遮那の説法とは、絶対的精神が自らを自らに対して開示するもの。それを神話劇的に表現したのが、曼荼羅の中尊毘盧遮那の説法なのである）の因と根と究竟を問われて、答える。

「因は菩提心である。

根は大悲である。

究竟は方便である。」

註釈者ブッダグフヤは、菩提心を「菩提を求める勇猛心」および「菩提の自性の心」とする。菩提心とは、この世にあっていまだ菩提に達していない人びと、すなわち「因位の衆生」にとっては「菩提を求める心」であり、菩提に達した（果位の）人にとって、「菩提そのものが心」なのである。われわれは『大日経』にあって、菩提心が質料として一つの完結した世界像を形成しているのを見出すのである。『大日経』を奉ずる人びとにとって、世界は黒闇の中のローソクの焔の光に喩えられよう。焔を中心に光は円形（球形）に闇を照し、そして焔から遠のくにしたがって暗くなり、やがて闇と区別がなくなる。ただ、ローソクの明るさが光点からの一方的な放射であるのに対し、『大日経』の世界の方は、その空間をそれ自体輝く何らかの質料が占めているのである。その質料がわれわれの菩提心であり、その全体が一切智智たる法身の毘盧遮那、そしてその中心が、われわれの到達点としての（曼荼羅に描かれる場合は中尊としての）報身の毘盧遮那である。『大日経』の世界（それを「毘盧遮那の世界」と呼ぼう）にあって、われわれはある特定の条件を満たす限り、その世界の部分を構成し、また、その世界全体も、その同じ条件を満たす限りにおいて存続する。では、極小部分としてのわれわれと、全宇宙ともいうべき一切智智との両方の存続にかかわる条件とは何か、といえば、それが前述の「因は菩提心である」云々の「三句」なのである。

『大日経』住心品には、はじめ、人間の心が、動物と変わらないような状態にあるが、「稀には時として法の想を起こして」向上しはじめ、空観の深化とともに、その汚れた部分を洗い清め、ついにはその心の垢が完全に除去されて、心は極清浄になる。つまり本来の清浄性をとりもどす過程が描かれている。これが弘法大師の「十住心の教判」のもとになっているのであるが、これを「心品転昇の次第」すなわち、人間の菩提心の質的向上の過程といい、あるいはブッダグフヤは「毘盧遮那成就道次第」という。すなわち、凡夫が毘盧遮那になる道程である。

われわれは、さきにローソクの光に喩えた「毘盧遮那の世界」の中にあり、その極小の一部分をなしている。われわれの菩提心が清くなる、向上する、というのはその世界の中で一歩中心に近づくことであり、その一部分としてのわれわれが、それだけ光を増すことである。こうして、この世界を形成するすべての部分は徐々に徐々に中心に近づき、中心に到達した部分は、一瞬、毘盧遮那として全世界に輝きわたり、その光は、その部分より後でスタートして中心に近づきつつある残りの全部分を照らし出す。

かくて、各部分は絶えまなく中心点に到達しつづけ、その瞬間瞬間に光を発しつづけるから、この世界の中心には、常に毘盧遮那が凝然として輝きつづけていることになる。光は絶えまなく周辺から中央に向かい、また中央から周辺に放射する。われわれ、すなわち菩提心は、常にそれ自体が光であるという面と、毘盧遮那からの光を受けて輝いているものという二つの面が不二に合一したものとして、この毘盧遮那の世界を構成する。自ら輝く方面は般若(はんにゃ)・智慧であり、自らが受けとめた限りの毘盧遮那の光は方便・慈悲である。この二面の合一、すなわち般若と方便、智慧と慈悲の不二なるものが菩提心であるという定式は、全密教、いな、全仏教を通じて不変である。「三句」の意味は次の通りである。人間は菩提心をすべての出発点とする。彼はどんなに長くかかろうとも、毘盧遮那になって、全宇宙を照らすことを目標とする。最終目標(究竟)は、一切衆生を具体的手だて(方便)をもって済度することである。そして発心(ほっしん)してから毘盧遮那に到る無限の過程を、彼は常に毘盧遮那の自らにおける反映としての大悲に根ざしつつ歩みつづける。これが『大日経』を奉ずる人びとに要求される生き方である。その三つのうちの一つが欠けても、彼にとって「毘盧遮那の世界」は消失する。彼は一個の「畜生に等しき愚童異生」として輪廻の暗闇の中をさまようことになる。

以上は『大日経』に説かれる菩提心を、世界とのかかわりから考えたのであるが、現代に生きるわれわれにとっての菩提心とはいかなるものか、次のごとくにそれを要約できると思う。

まず、初めて菩提心を発してから毘盧遮那になるまでの全過程を「永遠の尺度」とし、その中の自己の位置を自覚すること、「過程としての自己の自覚」、次にその自覚した位置から、向上するため、常に現在の自己を否定しつづけること、「不断の自己否定」、そして、終局の目的を、全世界を自分の責任において存在せしめることにおくこと、「世界に対する責任の自覚」、そして、自己の現実における生存が、絶対者からの反映であり、同時に他者に対する主体的な働きかけとしての慈悲のためにあるという、「利他の自覚」である。

その他、どのようにも要約できようが、これらすべてのことの根底にあるもの、それは、自己を超えた絶対者に対する敬虔さであろう。絶対者は何もいきなり毘盧遮那でなくてもよい。お釈迦さまでも、キリスト教の神でも、アラーの神でも、ははは、美の神でも野球の神でもよいのである。それを求める過程での自己否定と、利他の心と、全人類的視野という三つの条件さえあれば、やがて、自らが毘盧遮那をめざしていることに気づくはずであるから。

現代、菩提心という語が使われなくなったのは、この肝心かなめの絶対者に対する敬虔さに問題があるのかもしれない。

（津田真一）

通(つう)

「かれは寿司通でしてネ」とか、「あの人は芝居については通でネ」とか、「通ぶっちゃって……」とかをよく耳にする。競馬通もいる。花街の通もいる。釣の通もいる。世間にはいろいろな分野の通人がはき捨てるほどいる。

通とはそれぞれの分野の事情に明るく、知識が多い、つまり精通していることである。場合によっては、通人というと粋人(すいじん)と同意に用いることもあるが、これは、やぼでない、あかぬけているという意味のようである。いずれにせよ、通とは八方に、あるいはある物事に自由自在につき抜けていることをいう。

この通の語源をたどると、仏教でいう神通力(じんづうりき)の「通」に当たるもののようである。神通力の語を調べると、いままで述べた意味がみなこれに含まれている。神通力の原語はパーリ語でアビンニャー(abhiññā)といい、超越的、あるいは超自然的知識・能力という意味である。これに六種あり、六神通として有名である。昔、熊の肝を丸めたという丸薬があり、ふつうの病気ぐらいだったら、どんなものにも効くといわれた。家庭常備薬である。これが六神丸という薬名であった。六神通をもつ丸薬ということであるらしい。

神通は、一般には禅定によって得る自由自在な、超人間的な、摩訶不思議なはたらきということで、これに六種ある。まず神足通といって、思い通りにいたるところへ到達できること、思い通りに姿を変えることができること、色や声や香りや味、そのほか自分の感覚の対象となるものを思い通りに変えることができること、などの神通がある。また世の中の遠近、苦楽、大小などをはっきりと区別し、見通せる神通（天眼通）があり、世の中のすべての声を残らず聞きわけることができる神通（天耳通）もある。さらに、他人が心で思う善悪のことがらをすべて知ることができる神通（他心通）、自分と他人の過去世の生活の状態をすべて知ることができる神通（宿命通）、それに煩悩（漏れるもの）のすべてをなくし、二度と迷いの世界に生まれることがない神通（漏尽通）がある。

これら六神通の中で、漏尽通以外の五通は、聖者だけでなく凡夫も得ることができる。しかし漏尽通は仏だけが得るものといわれ、聖者・凡夫が得ることは、はなはだむずかしいとされる。逆に漏尽通を得たことは仏になった証拠といえる。

かつては、神通を身につけるには種々の方法があったようである。『大乗義章』巻二十によると、天界に生まれて果報として、おのずと得るような神通があり、仙人の神通のように薬によって得るものもあり、呪術（じゅじゅつ）によって得るようなバラモンの神通もあった。これのほかに、前述のように仏教の修行僧の禅定によって得る神通があった。神通を得る方法はいろいろあるが、大ざっぱにいうと、鬼畜・天人などの神通のように先天的神通と、何らかの修行をしたり、何かの助けをかりたりなどして得る後天的神通とにまとめられる。

釈尊は、弟子たちに神通を多用することを禁止された。当時の修行者たちの中で、すぐれたものはいくつかの神通力をもっていたらしい。他宗教の修行者と神通の優劣を競うことも多かった。時には一般人に向かってふざけたり、おどしたりして神通をみせるものもいたらしい。釈尊は自分の弟子たちには神通の多用と競技を禁じられた。仏教教団の修行僧の中には、最初、釈尊の神通力をみて、それを得たいがために出家得度（とくど）したものがかなりいたことは事実である。神通はだれでも得られるかというと、きびしいさとりへの修行過程において自然に得られるといわれるから、だれでも修行すれば得ることはできるらしい。この神通は修行の副産物であるから、これを得たから仏のさとりを得たというわけではない。さとりを得た人には五つの神通力は既得されているのだが、漏尽通を得なければ仏とはなりえない。

さて、今日の通人に漏尽通を得ている人がいるだろうか。これは漏が尽きているのである。

（田上太秀）

女人成仏（にょにんじょうぶつ）

女性はさとりを開く能力をもっているか？　このことは、仏教の成立時代からしばしば問題にされたようである。

釈尊の養母マハーパジャーパティーは、夫の死後、出家して仏教教団に入ろうとしたが、釈尊はその申し出を拒絶した。しかし彼女の決意は固く、釈迦族の女性たちとともに髪を切りおとし、釈尊のところへ行った。仏弟子のアーナンダは彼女たちのためにいろいろととりなしたが、釈尊は女性が教団に入ると何かと好ましからざる事態が生ずると考えて、彼女たちの出家を認めようとしなかった。アーナンダは、「それでは女性はさとりを開く能力がないのですか」とたずねた。すると、釈尊は「女性もさとる可能性がある」と答えた。そこで、アーナンダが「それではぜひ出家させてあげてください」とたのんだので、釈尊も彼女たちの出家を認めることにした。これが尼僧教団の始まりであるという。

釈尊は、本性上女性を信用していなかったようである。彼は女性についてこう語ったと伝えられている。

「婦女の求めるところは男性であり、心を向けるところは装飾品、化粧品であり、よりどころは子供であり、執著するところは夫を独占することであり、究極の目標は支配権である。」

「アーナンダよ、婦人は怒り易く、嫉妬ぶかく、もの惜しみをし、愚かである。……」

しかし、同時に、すぐれた女性のいることも認めていた。

「婦人といえども、ある人びとは男子よりもすぐれている。知恵あり、戒めをたもち、姑を敬い、夫に忠実である。……」

そして、仏教という車に乗る人は、男であろうと女であろうと、安らぎ（涅槃）のもとに至るであろう、と説いた。

こうして尼僧の教団が成立したわけであるが、一般的には古代インドの女性の地位は低く、仏教においても女性を蔑視する傾向が支配的であった。

大乗経典、特に『法華経』（提婆達多品）などでは、女性は梵天王、帝釈、魔王、転輪聖王、仏になれないという五種の障害（女人五障説）をあげ、女性は成仏できないと説かれている。しかし、これはすべての者が成仏できるという大乗仏教の理想と矛盾するので、女性は男性に身を変えて成仏できると説くに至った。これを「変成男子」という。変成男子のサンスクリットの原語（Strīndriyam antarhitam puruṣendriyam ca prādurbhūtam）は、「女根が内に隠れて男根が現れる」という意味である。『法華経』（提婆達多品）には、サーガラ（娑竭羅）竜王の娘が男子に身を変えて成仏したことが述べられている。

また、『無量寿経』に説く阿弥陀四十八願の第三十五願として、親鸞のいうところの「女人成仏の願」、「変成男子の願」がある。法然は「女人往生の願」と呼んだ。サンスクリット本によれば、これは第三十六願である。

「世尊よ、もしも、わたくしが覚りを得た後に、……女人たちがわたくしの名を聞いて、きよく澄んだ心を生じ、覚りに向かう心をおこし、女人の性を厭うたとして、（その女人たちが）生を脱してからふたたび女人の性をうけるようなことがあったら、その間はわたくしは、この上ない正しい覚りを現に覚ることがありませんように。」　（岩波文庫『浄土三部経』上、三四ページ）

女人成仏の問題は非常に現代的な問題でもある。近ごろウーマンリブなる言葉が流行しているが、われわれ男性も女性特有の欠点をいいつつも、その長所をもわきまえ

て期待しているのである。この期待にこたえられるか否かは、女性の側にかかってい
る。

（上村勝彦）

II 仏教の生活と習俗

仏教は現実の人間生活のなかに生きてきたものであるから、人間集団としての教団を形成するとともに、また人間の個別的な生活面にも影響を及ぼしている。そのあとを体系的に述べることは困難であるが、以下の所論によって、意外なところに露呈している影響のあとに気づかれるであろう。われわれが平生使っているあたりまえの語が、実は仏教に由来しているのである。それらが仏教起源のものであるということに人びとが気づいていないというところに、意識されなくても、この宗教がわれわれ日本人の生活と一体となっている事実を知らせてくれる。次に出てくる「瓦（かわら）」などは、仏教そのものではないけれども、仏教文化の一部と解することはできるであろう。まことに色とりどりの万華鏡である。

（中村　元）

結集（けつじゅう）

成田空港の開港をめぐり、賛成と反対の意見が対立し、新聞のニュースとなっている。大学構内には、これに関する内容が書かれた立看板やビラがめだち、この問題の重大さを訴えている。それら立看板やビラに「○処に○月○日○時に結集しよう！」という文が書かれている。また「メーデーに労働者は団結して○○に結集しよう！」と呼びかける。いずれも結集した大衆を前に一人のリーダーがこぶしを振りかざして「……しよう！」「……せよ！」などと叫ぶと、大衆はそれに合わせて唱える。いわゆるシュプレヒコールである。つまり集団的朗読・朗誦である。同じ意見・考えをもつ人びとがある目的を達成するために集まり、団結して、集団的朗誦をするのが、一般でいう結集のあり方である。この場合、「ケッシュウ」と読む。

実は、いま述べたような「ケッシュウ」と同じやり方が仏教教団の中でも行われた。これが今日の「ケッシュウ」の原形ではなかったかと思う。仏教では「ケツジュウ」と読んでいる。原語はサンギーティ（Saṃgīti）といい、声を合わせ朗誦することをいう。

仏滅後、教団の統率者がなく、統一を維持できなくなるのをおそれて、教法の統一をしようという動きが起こった。そこで分散した修行僧の中から代表者を集めて、各人記憶した教義を提供しあい、教義を統一しようとする編集会議が行われた。要するに教義の散失を防ぎ、教権の確立を求めるための会議であった。これを結集（けつじゅう）という。

第一回の結集は十大弟子の一人、摩訶迦葉（まかかしょう）が中心となり、五百人の弟子たちが集合した。釈尊（しゃくそん）の教説を処々で聞いたものたちが、その記憶したところをもち寄って、ある高弟が議長（首座（しゅそ））となり、それら種々の教説を確かめる。その場合、ある教説を議長が朗誦すると、補充したり削除したりの改訂をなして、一定の形式にまとめる。そしてそれを議長が一節ごとに朗誦すると、他の弟子たちもいっしょにあとから朗誦する。最後に議長と合誦（ごうじゅ）することによって統一され、一つの経典ができあがる。今日寺院で経典が僧侶（そうりょ）たちによって葬式、法事などで合誦されるのは、この結集の形式を踏襲しているのである。

結集（けつじゅう）は、はじめの頃は弟子たちの記憶にもとづいて編集されたが、それも直ちに文字に書き、記録されることはなかった。弟子から弟子へと口伝されたのである。したがって、記憶・暗誦（あんしょう）のためには散文よりもむしろ短い詩頌（しじゅ）の形式にまとめることが多かった。また、このような経路をたどるから、必然的にその間には弟子たちの思想も混入したであろうと考えられる。この記憶による伝承は数世紀間つづいたから、テキストの変化や増広も起こったに違いない。はじめてそれらが文字に保存されるようになったのは、前一世紀頃だといわれる。

この古い時代の仏教の編集会議である「ケツジュウ」が、今日の「ケッシュウ」として生きているとは面白いではないか。

(田上太秀)

律儀（りちぎ）

日常、実直で堅ぶつな人のことを「りちぎもの」と呼んでいる。「あの方は、りちぎなお方でしてネ」という使い方である。

律儀（りちぎ）者、まじりまじりと子をでかし

という江戸川柳がある。無口で遊びにもいかない堅造、女ぎらいかと思うとさにあらず、子どもだけは次から次へと……。いわゆる「律儀者の子だくさん」というのはこれをいう。

「りちぎ」といい慣（なら）わしている律儀の語は、もとは仏教用語で、「りつぎ」と読む。この原語は、サンスクリット語のサンバラといい、身体的行為と言語的行為とが習慣づけられたことを意味する。外面に表現されず、他人にも示されない習慣的行為に善と悪とがあり、その善い習慣的行為を律儀といっている。その反対が不律儀である。

また、律儀を善戒ともいう。ふつうは律儀の代わりに戒の語を多用する。悪を止（や）める戒のことを止悪戒（別名、律儀）という。非を防ぎ悪を止める戒のこと。専門的に

いえば、これには世間的に有漏戒（不清浄な戒）と出世間的な無漏戒（清浄な戒）とがある。有漏戒の中に別解脱律儀というのがあり、これに在家戒と出家戒とがあって、それぞれの戒を修めることによって解脱を得ることができる。

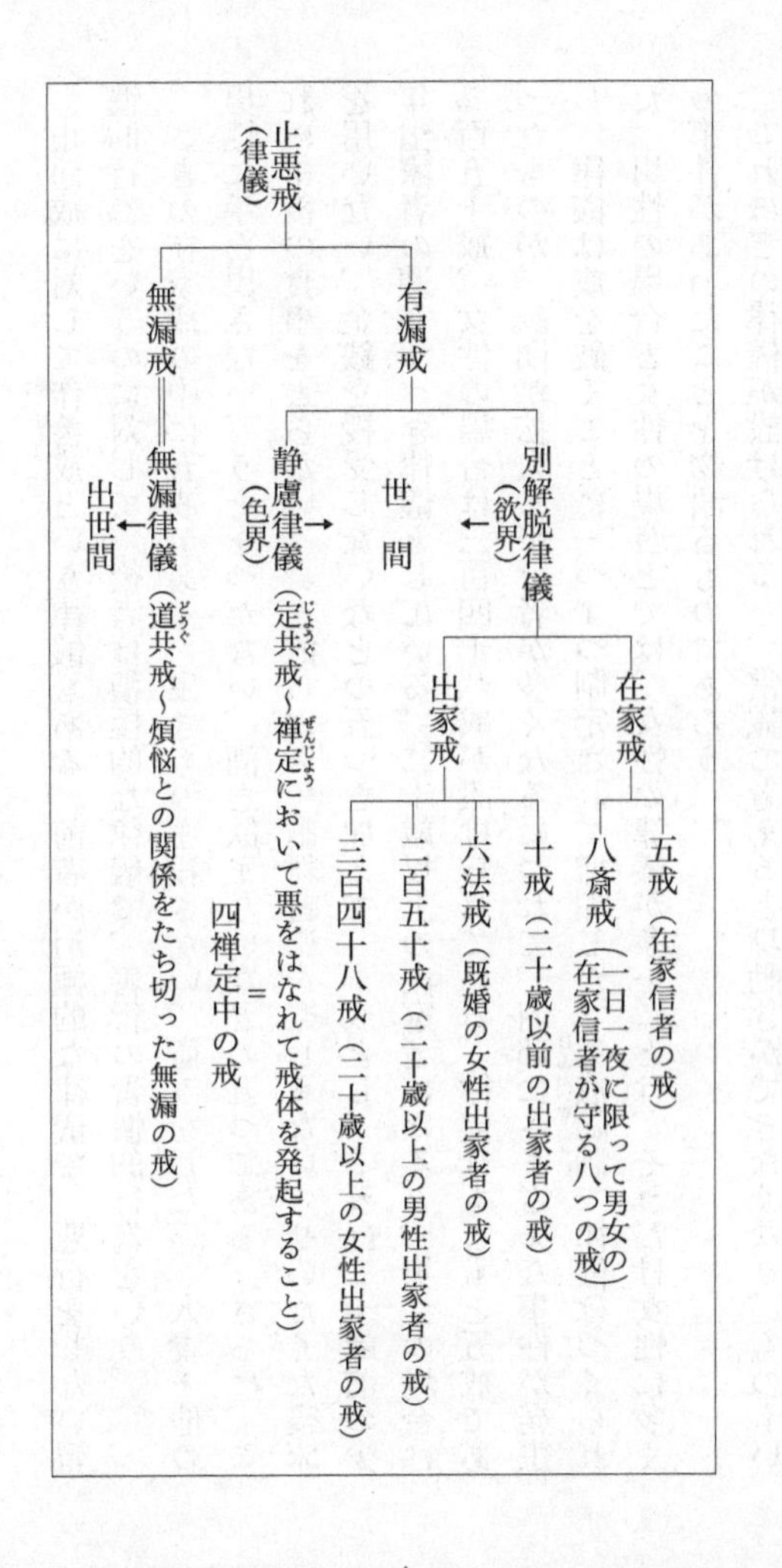

止悪戒に対して作善戒という律儀もある。前者が消極的な律儀で、悪行をしない習慣的行為をいうのに対して、後者は積極的な律儀で、善行の習慣的行為をいう。

さきの在家戒の中に五戒がある。生きものを殺さない、盗みをしない、人妻・他の男性に手を出さない、うそをつかない、酒を飲まないなどの五つである。さらに、これに午後の食事をとらない、身を飾らない、歌舞音楽を楽しまない、ぜいたくな寝床を用いない、金銭を授受しないなどの五つを加えて、十戒とし、これは二十歳前の少年出家者の遵守すべき律儀としている。二十歳以上の出家者になると、男性の場合は二百五十戒、女性の場合は三百四十八戒が設けられている。律儀はもともと五戒であったものが、教団が拡大し修行者が多くなるにつれて、内部にさまざまな事件が発生し、律儀は戒を破るごとに一つずつ制定されて増加した。犯戒随制で律儀はつくられた。男性の場合と女性の場合とでは、女性の律儀が多いことは、それだけ女性に多くの事件があったことを物語るものであろう。

これほどの律儀が設けられると、常識で考えると身動きができなくなり、ものもいえない、心をめぐらすこともできないほどである。仏教修行者はいうなれば律儀者である。俗間の「りちぎもの」とは別格といわなければならない。

（田上太秀）

結界（けっかい）

「この土手に登るべからず警視庁」という有名な標語があるが、これなどは、結界のいい例である。結界の原語はシーマー・バンダ（simā-bandha）、文字通り境界を定めることを意味する。

初期の僧団にあっては、僧侶たちは、一定の住居にとどまらず遊行（ゆぎょう）するのが原則であるが、半月に一回は布薩（ふさつ）のため一堂に会さねばならない。布薩とは毎月の満月と新月の日に同一地域の僧尼が集会して、その半月間に戒律を犯すことがなかったか反省したり、戒律の条文を読み上げて、あらたに自己を戒める行事である。だから、彼らは無理をせずに半月に一度帰ってこられる区域を画して、その僧団の勢力範囲としたが、これを作法界という。しかし、実際は、山とか川とかの地理的条件でその区画が定まることが多く、それを自然界といった。

次にそれが、その一定の地域に、僧団の秩序を乱し、修行のさまたげとなるものが入ることを許さないための境界線を画することの意味になる。女人結界（にょにんけっかい）はこの例である。

高野山に行くと、奥の院へ向かう道路の右側に苅萱堂があるが、苅萱道心と石童丸の哀話が、この女人結界のために生じたことは誰でも知っていよう。

筑前（福岡県）苅萱荘の住人で加藤左衛門重氏という人が、正妻と権妻が仲よく碁を打っている影が障子にうつると、両人の髪が蛇のかたちになって相争う姿に見えたので、突然世をはかなみ、今でいう蒸発をしてしまったわけである。正妻はその後に生まれた石童丸を伴い、人づてに聞いて高野山のふもとまで来るが、女人禁制で入山できない。そこで幼い石童丸ひとり高野へ上って父を探す。今は苅萱道心となった重氏は石童丸に出会って、わが子と知るが、名乗ることはせずに、さとして下山させる。彼が帰ってみると、母は学文路の里ですでに死んでいたので、再び入山して苅萱道心を尋ね、一生父とは知らず共に修行したという話である。

古めかしい話であるが、妻の他に愛人をもって、適当に人生をエンジョイしていた男がフッと何かのはずみに人生の煩わしさ、自己の愚かさに気づき、すべてをすてて逃げ出してしまう、などというのは現代でも大いにありそうな話である。

さて、高野山の結界とは、弘法大師が、弘仁七年（八一六）六月十九日、嵯峨天皇に上表してこの地を乞い、同七月八日勅許されるや、まず泰範・実恵等を遣わして開墾して草庵を作り、次いで弘仁八年の秋、自ら入山して、七里四方を結界したもので、これを国土結界という。『性霊集』第九巻に収録されている「高野山に壇場を建立して結界する啓白の文」の一節に、

「金剛軍荼利菩薩の法に帰命して、七日七夜作法結界し、懺悔礼拝す。この院内にありて、東西南北四維上下に、あらゆる一切の正法を破壊せん毗那耶伽、諸の悪鬼神等は、みなことごとくわが結界の処、七里の外に出で去れ。」

とあるが、このときの結界作法によって女性が入山できなくなったのかどうか、私は知らないが、弘法大師が女性を毗那耶伽(障碍する悪魔)や悪鬼と同列に考えるような硬直した考えの人であったとは、思われない。

もう一つ、『太平記』巻十八、「比叡山開闢ノ事」の中に、面白い話がある。それは、大略次のごとくである。

釈尊は、インドで入滅された後、仏教東漸の聖地をもとめて、わが「豊葦原ノ中津国」に渡ってくるが、比叡山麓志賀ノ浦で釣糸をたれている老翁を見かけ、「翁若此地ノ主タラバ此山ヲ吾ニ与ヨ。結界ノ地ト成シ仏法ヲ弘メン」とたのむ。老人は実は滋賀郡滋賀町に鎮座する白髭の明神であったが、「我ハ人寿六千歳ノ始ヨリ此所ノ主トシテ此湖ノ七度迄蘆原ト変ゼシヲ見タリ。但此地結界ノ地ト成ラバ、釣スル所ヲ失

フ可シ。釈尊早々去テ他国ニ求メ給ヘ」と、ことわる。釣する場所がなくなるからダメだ、とは、まさに因業地主の面目躍如である。そこへ「東方浄瑠璃世界ノ教主医王善逝」が忽然と現れて、今時の言葉に直すと、「なに、構うものですか。私は人間の寿命が二万歳だった昔からここの地主だったのです。あの老人などは私のことを知らないのです。どうして私がこの山を惜しむものですか。やがて仏教が東流してきたら、あなたは〝教ヲ伝フル大師〟となってこの山をお開きなさい。私はこの山の王となって、五百年間仏法を守護いたしましょう」と誓約し、二尊は東西に別れて去る。それから千八百年たって、釈尊は伝教大師となって比叡山を開いた、というわけである。

密教ではまた、道場結界といって修法道場だけを結界したり、壇上結界といって、修法壇の四囲を結界したりする。後者の場合は、大壇を自分の心そのものであると観じて、例えばわれわれが修する十八道法では、まず「金剛橛」の印（印契）と明（真言）によって、四壇の四隅にクイを打ち込み、次に「金剛墻」の印明をもってカキネをめぐらし、次に大日如来の宮殿、すなわち、道場を観相して（道場観）その聖衆を車に乗せて迎えて大壇内に入れ、魔を追い出してから「金剛網」をかぶせ、さらに「金剛火印」の印明によりその道場を囲んでしまう。こうすれば、諸の魔ものが近づけないわけである。

昔の商家では店の奥に帳場があって、三方を低い格子で囲んであり、そこに大福帳がかかっている。そんな場面を芝居やテレビの時代劇でよく見かけるが、この帳場格子を結界というのは、この壇上結界に似ているからであろう。

（津田真一）

居士（こじ）

居士の語は、一般には仏壇の位牌（いはい）に「何々居士」と書かれた死者の法名（ほうみょう）によって知られている。また「一言居士」という俗な使い方があるが、これは何事にも口を出さなければ気がすまない「人」の意味である。前者の居士の用語は仏教的意味のものであるが、後者は軽蔑（けいべつ）的な学徳のある人という世間的意味のものである。

漢語としての居士は学芸に通達した、学徳の高い仕官を求めない隠者というほどの意味であるが、仏教文献に見る居士は、これとは少し異なる。原語のサンスクリット語でグリハ・パティ（gṛha-pati）といい、「家の主人」の意味である。バラモン生活の四住期（学生期、家住期、森住期、遍歴期）の中の第二期に当たる。学問研究期を終えて、家庭にあって家長として家族を養い、祭祀（さいし）を行う時期の在家男子、あるいは四つのカーストの中の商工業に従事している第三ヴァイシャ階級の資産家を指していう。このグリハ・パティを漢語訳して「居士」とする。

インドの諸都市では、どちらかといえば資産家（居士）が有力な階級であったようで、この意味で仏典、特に大乗仏教の典籍では資産家（居士）を中心にした経典を作って、在家仏教の真髄を唱道している点が注目される。

『阿含経』巻三の中に、

「世に八衆がある。なにを八というのか。一に刹利衆（武士族のこと）、二に婆羅門衆（バラモン教の僧侶族のこと）、三に居士衆、四に沙門衆（宗教的道のために遊行するもののこと）、五に四天王衆、六に忉利天衆（三十三天のこと）、七に魔衆、八に梵天衆。」（『大正大蔵経』一巻一六ページ中段）

と述べてある中の居士衆とは在家の資産家のことである。大乗仏教経典の中であまりにも有名な『維摩経』は、維摩居士を主人公として書かれたものだが、かれは在家信者として出家仏教に対し仏教とは何かを示した。在家でありながらも仏教がわかることを教えた。この維摩居士をひな型として、日本では在家の男子で仏教に帰依し、受戒（五戒を守ることを誓うこと）をしているものを居士というようになった。

死者の法名に居士とつけてあるのは、受戒をした人であること、つまり在家であって仏教信者となった人であることを示している。生前、受戒をうけていなくても、つまり信者でなくとも、葬式のときに僧侶のはからいによって戒を授けるので、これによって死者はみな仏教信者となる。したがってすべての法名には居士号がつけられているはずであるが、なかには清信士とつけてあるものもある。清信士も在家信者でやはり受戒しているものであるから居士と同じことであるが、居士号といって清信士より一段位階を上にして戒名料の差をつけていることがある。禅宗の場合は、居士号は菩提寺（ぼだいじ）に何らかの功労があって篤信の人が死んだときに、僧侶の方でその徳を讃（たた）えてつけられるものであるらしい。この点で清信士とは区別されるようである。

（田上太秀）

三途（さんず）

三途の語は、インド仏典の漢訳では三塗となっているが、日本の文献では多くは三途が一般的である。三途は三塗とするのが正しい。仏教では欲望に満ちた世界の生物を六段階に分けて、地獄・餓鬼・畜生・修羅・人間・天上とし、かれらの生存する世界を道といい、地獄道・餓鬼道・畜生道・(阿)修羅道・人間道・天上道とし、これを総じて六道と呼んでいる。このうち地獄・餓鬼・畜生の三つが最も悪いところとされ、三悪道（さんまくどう）と呼ぶ。三塗とは、この三悪道のことである。

三塗には各々特色がある。地獄道は猛火の世界であるから火塗といい、餓鬼道は刀杖（とうじょう）の世界であるから刀塗といい、畜生道は相い喰（くら）う世界であるから血塗（けち）という。この三塗にある、あるいは三塗に行く渡り川を三塗の川といっている。一般には三途の川と書いている。

「三途の川」の信仰は、十三世紀の『蜻蛉日記（かげろう）』頃にはじまり、鎌倉時代以降に広く流布したらしい。

三途の川の「三途」の語は、さきの三悪道の三塗として使われているとは限らない。平安末期頃の撰述とされる『十王経』とか、その註釈をした日蓮の『十王讃嘆鈔』にみられる「三途」の意味は三悪道（三塗）を指しているものではない。日蓮の著書の説明を要約して紹介しよう。

冥土で亡者を裁く十王の一人である初江王のところへ行く道に一つの大河がある。この河幅は四十由旬。この河に三つの渡りがあり、三途の河という。上流の渡りを浅水瀬といい、浅くてひざ下ぐらいの深さ。罪の浅いものが渡るところ。中流の渡りがあり、橋渡しという。これは金銀七宝で飾られた橋。善人だけがこれを渡る。下流の渡りを強深瀬といい、悪人だけが渡る。ここの流れは矢の飛ぶように早く、大山のように波が高い。毒蛇がうようよ泳いでおり、渡る罪人を喰う。上流からは大岩石がごろごろ転がり、罪人の身体を砕く。死んだと思うとすぐに生き返り、生き返るとまた砕く。水底に沈もうとすれば大蛇が口を開けて待ち、浮き上がれば鬼王・夜叉が弓をもって射る。このように大苦をうけて七日七夜を経て、向かいの岸にたどりつく。

この説明の中に、善人だけが渡る橋渡しがあるというが、実は三塗（三悪道）に行くものは罪悪人ばかりであって、善人が行くというのはおかしいのである。日蓮のいう三途の川というのは、三本の道ということで、三塗（三悪道）へ行く道ではないことがわかる。三塗へ行く道あるいは川への岐路として、三途の川があるということである。

三途の語も日蓮のように三本の道としての三途、つまり三塗の川への岐路として三本の道という意味のほかに、三悪道としての三途の意味の使い方もあることはいうまでもない。

『十王経』には三途の川を渡る前に、渡し場に翁と老婆がいて、亡者が来ると老婆が亡者の衣類をはぎとり、翁がそれを近くの樹（衣領樹）の枝にかけ、その枝のたれ具合を見て罪の軽重をはかり、三悪道のいずれかへ行くことを決めるという説明がある。死者が白衣を着せられて埋葬されるのは、無垢（罪がない証し）を意味するためであろうか。

（田上太秀）

道具

日常調度器具を一般には、道具といっている。大工道具、左官道具などと用いるが、今日では道具の語の代わりに、用具とか用品とか、また器具とかの用語が多用されている。例えば、野球用具、料理用品、電気器具などの用語である。いずれにしても道具ということである。

この道具という語は、実は仏教用語であって、修行僧の持ち物に限って用いられていた言葉である。

仏道修行のための用具、これが道具といわれた。例えば、三衣、六物、十八物、百一物などの種々な必携の道具がある。三衣とは、仏のさだめにかなった三種の衣服のこと。これを法衣とか法服とか、僧服とか僧衣とかいう。三衣は男の修行僧（比丘）の道具で、女（比丘尼）の場合は、これに二衣を加えて五衣を用いなければならなかった。この三衣、あるいは五衣を総称して、チーヴァラ（cīvara 衣のこと）といい、袈裟（カーシャーヤ kāṣāya 美しくない、濁った色のこと）と名づけられた。今日、袈裟といっているのは、もとはこの三衣・五衣のことを指したのであるが、中国や日本では気候風土の関係から、三衣・五衣が形式化して、三衣・五衣、すなわち袈裟の下に「ころも」を着用するようになり、袈裟と「ころも」を区別するようになった。日本では袈裟と「ころも」を総称して法衣といったり、「ころも」だけを法衣といったりするようになった。

三衣は簡単に説明すると、街や王宮に行くときに着用するものと、礼誦、聴講、布薩（月一回の反省会）などのときに着用するものと、日常の作業や就寝のときに着用するものとである。このほかに女の修行者は三衣の下に胸や乳房を覆うために、左肩から腰下までとどくようなものを着用したり、腰にまとう長方形の布片の両はしをぬい合せて、中に両足を入れ、腰ひもでしばるものを着用したりする。

六物とは小乗仏教の修行僧が必携する生活用具で、三衣と鉢（pātra の音写語「鉢多羅」の略語で、食器のこと）と坐具と、漉水のう（水をこすための布袋）とである。これらは死に際に看護人に手渡される。はじめて修行者となり、その誓いを立てるものは、六物の中の三衣と鉢を最小限もつことが条件とされ、そこで三衣一鉢が仏教修行者の基本的な所有物とされる。禅宗では法を伝えたしるしとして、袈裟と鉢とを弟子に授けたことから、法を伝えることを、「衣鉢を伝える」といっている。

小乗仏教修行者の道具が六物であるのに対し、大乗仏教修行者は十八物をもつとされる。すなわち、楊枝、手洗いのための大豆・小豆の粉末、三衣、瓶、鉢（食器）か坐具、錫杖（鐶のついた杖）、香炉、漉水のう、手拭、小刀、火を造る道具、鼻毛ぬき、縄製の牀、経巻、戒本、仏像、菩薩像の十八種を十八物という。

百一物とは、以上の三衣、六物、十八物その他いろいろの生活用具を各々一個ずつ蓄えることを許されていることで、百は実数ではなく、すべてのものという意味である。そこで必要以上の余分のものを長物といい、三衣より一衣でも多くもったりすれば、それは長物とされる。

今日、あってもかえってジャマになるもののことを「無用の長物」という長物の語源はここにある。

（田上太秀）

瓦（かわら）

道ばたにころがっている瓦の破片などは、つまらないもの、無価値なものの代表であろう。

「瓦を磨き以（もっ）て鏡と為（な）さんとするが如し」などということわざもあるくらいである。さて、その瓦片を拾い上げ、「ハテ、どうしてこれをかわらというのだろう」などと考えてみると、案外、わからないことが出てくるのである。

辞書類をいろいろ調べてみると、大体、かわら「瓦」の語源は、サンスクリットのカパーラ（kapāla）であろう、ということになっている。それに対し、かわらけ（土器）は瓦器（かわらけ）または瓦笥（かわらけ）であるという。さらに、かわら（骨・胴）はほね、特に頭蓋骨（ずがいこつ）で、御丁寧にも、語源として、屋根のカワラを伏せたような形をしているからである、と説明するものもある。

ただ、山中襄太（やまなかじょうた）氏の『国語語源辞典』は、瓦には言及せずに、カワラケ「土器」について、瓦笥の義とは、もっともらしくはあるが、サンスクリット語のカパーラには杯、瓶、皿の意と、頭蓋、頭蓋骨の意味があり、この語はマレー語など東南アジア各民族の間で用いられ、これらの地では古来、戦で殺した敵の頭蓋骨を杯として勇武をほこる風習があるから、カワラケとは、「頭蓋骨の杯」、「髑髏杯」のことであろう、と考証している。確かに、カパーラとは、髑髏器のことなのである。瓦・屋根瓦よりも、カワラケの方が、形といい、大きさといい、まさにカパーラなのである。

ものの本によると、瓦が日本に伝わった記録としては、『日本書紀』二十一巻、崇峻紀元年（五八八）の項に百済国が仏舎利および数人の僧とともに「寺工、鑪盤工、瓦博士、画工を献ず」とあるのが最初なのだそうである。それに対し、土器が文献に見えるのは、雄略天皇の一七年（四七三）に土師の連が土器を製して朝夕御膳の清器として奉った、とされるのが最初なのだそうである。この「土器」は当時の人びとに何と呼ばれていたのだろうか。また、瓦博士が百済から送られてきたとき、百済の音でそれを何と表現したのであろうか。当時の日本人がまさか「カハラハカセ」と呼んだわけではあるまい。『日本書紀』が書かれている段階で、すでに「カハラ」という音が知られていたのだろうか。

さて、カパーラという語をサンスクリット語辞典で調べると、山中襄太氏の指摘する通り、杯、皿、乞食鉢、頭蓋骨などの意味がある。殊にプローダーシャ

(puroḍāśa) といって、プローダーシュ (puroḍāś) という一種の聖餅を火に供ずる儀式のとき、その餅を入れる特別の器のこととされているから、本来が半球形の鉢のことで、頭蓋骨の形がそれに似ているからカパーラと呼ばれるようになり、さらにその頭蓋骨自体を乞食鉢として使うようになったものかと想像される。

もちろん、頭蓋骨などというものを神聖なるべき乞食鉢として携帯しているのは、シヴァ教のある一派の人びとに決まっているのであって、彼らはカパーリン (kapālin) あるいはカーパーリン (kāpālin) と呼ばれる。いずれも「カパーラを持するもの」の意味である。彼らの宗派はカーパーリカ (kāpālika カパーラ派) と呼ばれる。また彼ら一人一人がカーパーリカ (カパーラ派の行者) と呼ばれる例もあるらしい。

ところで彼らが崇拝するのは、尸林 (墓場) に住み、死灰を身体に塗っている不吉な苦行者としてのシヴァ神であって、シヴァ神のこの一面をやはりカパーリンまたはカーパーリンと呼ぶ。

シヴァ神がカパーリンであるとき、彼の妃で、恐ろしい姿をしたドゥルガー女神 (Durgā 近づきがたきもの) はカパーリニーあるいはカーパーリニーと呼ばれる。

このカパーラ派は、十世紀から十一世紀に最盛期をむかえるのであるが、すでに七世紀にマハーラーシュトラのナーシク地方や、アンドラ州のシュリーパルヴァタ、すなわち、ナーガールジュナコーンダで盛んに行われていたことが確認されている。

私が学生だったころ、演習で「マッタ・ヴィラーサ」(酔っぱらいの戯れ)という笑劇を読んだことがあった。作者は南インドのパッラヴァ朝のマヘーンドラ・ヴィクラマヴァルマン王(七世紀初頭)、場面を首都カーンチーにとっている。辻直四郎博士は、その『サンスクリット文学史』(岩波全書)で、次のごとくにそのあら筋を要約しておられる。

「人間の頭蓋骨を施物鉢として携えるシヴァ派の乞食僧(カパーリン)サティアソーマは、情婦デーヴァソーマーと共に酒家に赴き、酔態を演じて貴重な鉢の紛失に気づき、偽善的仏教僧ナーガセーナに疑いをかける。両人の間に激しい舌戦が起こり、これまたいかがわしいパーシュパタ派のシヴァ教徒に裁決を頼む。しかし結局鉢は、これを迷い犬から取り上げていた狂人の手から所有者に返り、一同和解する。」

主人公にとって命より大切なカパーラも、犬にとっては、せいぜい齧って遊ぶおもちゃである。また、仏教僧の名前がナーガセーナというのも人を馬鹿にした話である。なぜなら、ナーガセーナというのは、有名な『ミリンダ王の問い』で、前二世紀後半、西北インドを支配したギリシア人の国王メナンドロスと対話して、王を仏教に引入した長老ナーガセーナ（那先比丘）と同じだからである。

この怪し気なカパーリンたちは、八世紀前半に活躍した劇作家バヴァブーティの「マーラティーとマーダヴァ」にも出てくる。

恋人マーラティーとの仲をさかれた主人公マーダヴァは、絶望して夜中におそろしい尸林をさまようが、そこで期せずして、彼女がカパーリンたちに捕えられているのを見かける。今や司祭ゴーラガンタ（畏ろしき鈴を持するものの意）は、女弟子カパーラクンダラー（カパーラの耳環を有するものの意）に手伝わせて、マーラティーをカラーラー女神（Karālā 口を開け、牙を露わしたものの意。ドゥルガー女神の別名）にいけにえとして捧げようとしている。マーダヴァは、司祭を殺して危いところで恋人の命を助ける。

これらカパーリンたちのようすはまことに禍々しき限りであるが、実は、この連中は、私の研究分野であるサンヴァラの密教を奉ずる人びと、すなわち、荼吉尼たちの集団と、末端で重なり合っていたらしいのである。根本資料『最勝楽出現タントラ』第十三品には次のような一説がある（第二五―二七偈）。これは、その妃ヴァジュラヴァーラーヒー（金剛豚女）を抱擁した主尊ヘールカを囲む四人のダーキニーに関してである。

「ダーキニーと、同様にラーマーと、カンダローハーとルーピニーとは（主尊を囲む四人の女神である）。（彼女らを）蓮華の（四）方の（花弁の）場所に配置すべし。しからば、すべての悉地と楽とが出現する。

（彼女らの身体の色は、順次）黒と緑と赤と白であり、（彼女らは）三眼である。二臂一面にしてカトバーンガ杖を手に持するカパーリニー達である。

右（手）には金剛と刀が（持せられてあり）、展右の姿勢をとり、裸体である。髪はほどけ、（その）顔は牙を露わし、五印契にて荘厳せらる。」

わがサンヴァラの宗教を構成する荼吉尼たちもカパーリニーなのである。彼らもシヴァ神の持ち物であるカトバーンガ杖を持っている。

ついでに、さきのカパーリンたちが崇める女神の名であったkarālīという語も出ているので紹介しよう。それは今引用した部分の直前で、主妃ヴァジュラヴァーラーヒーを描く部分である（第二三—二四偈）。

「彼（ヘールカ）に抱擁せられたる女尊は、二臂一面にして三眼であり、（彼女の身体は）バンドゥーカの（花の如き）色をしており、裸体である。（人間の）骨の小片にて飾られた腰帯をつけている。髪はほどけ、牙を露わし（karālī）、（その口からは血を）したたらせ、血をよろこぶ。左の臂はカパトラを抱えているが、その中には悪魔の血がたたえられている。右手は祈剋印を示し金剛杖を握っている。彼女は劫火の如き（真赤な）色をした大きな身体を有する。両方のふくらはぎで（ヘールカの身体を）よく締めつけて、常に大楽によりて歓喜す。」

もう一つ蛇足を加えるなら、さきのマーラティーは、正しくは「カラーラーという名のチャームンダー女神」に捧げられようとしていたのであるが、このチャームンダーもドゥルガー女神の異名とされ、あるいはドゥルガーの八つの変化形の一つとされる。

この女神は、すでに現図胎蔵界曼荼羅において外院西方に、猪面人身で身色赤黒く、右手にカパーラを持った姿で描かれている。猪面の女神、すなわち Vārāhī は、女尊ヴァジュラヴァーラーヒーを想起せしめるが、後者が猪面として描かれている例には、私はまだ出会っていない。ただしヴァーラーヒーでは、ヴィシュヌ神の第三の化身であるヴァラーハ（猪）の妃になるはずで、シヴァ妃ドゥルガーとはちょっと同一視できにくいのではないかとも思われる。

（津田真一）

数珠（じゅず）

数珠の原語はサンスクリット語のジャパ・マーラー（japa-mālā）である。ジャパというのは「ジャプ」（√jap「つぶやく」、「誦（じゅ）する」）という動詞語根からできた名詞で、「つぶやくこと」、「誦すること」という意味である。また、「マーラー」というのは「輪」という意味であるから、ジャパ・マーラーとは経文や呪句（じゅく）を誦するときに用いる輪という程の意味である。だから「誦珠」、「呪珠」などとも訳されている。その他にも、「念珠」とも呼ばれ、また「珠数」と逆に書かれることもある。

よく僧侶が読経の終わりなどに大きな音をたてて数珠を摺（す）り合わせているのを見かけるが、どうもやたらと摺り鳴らしてよいわけでもないらしく、いろいろな説があるようである。むしろ真言陀羅尼（だらに）を唱えるときなどに、回数を数える場合に数珠を用いる。珠（たま）を繰って数をかぞえることから、「数珠」の名ができたものであろう。

数珠の珠の数はふつう百八個である。百八の煩悩（ぼんのう）を退散・消滅させるためといわれるが、定かではない。その他にも五十四個、四十二個、二十一個のものなどいろいろの種類があるが、百八個のものが基本となっている。よくインド土産として「菩提樹(ぼだいじゅ)」の実や白檀(びゃくだん)でできた数珠をもらったりするが、それにも珠が百八個ついている。日本人の仏教徒専用に作った土産品かというと、そうではなく、ヒンズー教でも数珠は必需品なのである。たまたま日本人が大量に買っていくので、日本人観光客が多く訪れる場所で売っているのである。

ちなみに、日本の僧侶は「天竺(てんじく)菩提樹」とか「金剛菩提樹」の実でできた数珠を珍重するが、実はあれらの「菩提樹」は、釈尊がその下で成道したと伝えられるアシュヴァッタ樹とは違う樹である。

ヒンズー教でも数珠を用いると述べたが、それではキリスト教で用いられるロザリオは数珠と関係があるのだろうか？

前に述べたように、数珠＝ジャパ・マーラーの「ジャパ」というのは「念誦(ねんじゅ)」のことであったが、それが誤って「ジャパー」(japā)と発音された。あるいはそう聞こえた。ジャパーというのはバラの一種である。そこで、ジャパー・マーラー、すなわち、「バラの花輪」と解したのである。だから西洋人はそれを「バラの花輪」(ロザリオ、rosario, Rosenkranz)と呼んだのであるという。それがカトリック教に入ったものである。(中村元『インドとギリシャの思想交流』中村元選集第十六巻二四四ページ、春秋社。)

cf. A. Weber: *Die Griechen in Indien*, S. 33)

こうして、数珠は仏教、ヒンズー教、キリスト教で用いられているが、イスラム教でも用いられている。なお、数珠の原語としては、ジャパ・マーラーの他にも、アクシャ・マーラーなど（akṣa-mālā, akṣa-mālikā, akṣa-sūtra）がある。「(インドの一種のアルファベットを構成する) 〝ア〟から〝クシャ〟に至るまでの音でできているから〝アクシャ〟という」と解釈され、最初五十二程の珠から成ったと推測される。

（上村勝彦）

琵琶（びわ）

仏教辞典の類（たぐい）を見ると、琵琶の原語はサンスクリット語のヴィーナー（vīṇā）とある。また、梵和（ぼんわ）辞典のヴィーナーの項を見ると、「琵琶」という漢訳が示されている。すなわち、中国でヴィーナーを琵琶と音訳したものであるらしい。

筆者なども従来この説を信じ、サンスクリット原典にヴィーナーとあると、「琵琶（ヴィーナー）」と訳してすませてきたものである。

ところで、ヴィーナーというインド音楽で用いられる重要な楽器も、琵琶とは無関係に、近頃一般に知られるようになってきた。もともと、シタールという楽器は、有名な奏者であるラヴィ・シャンカルの名とともに、わが国でもよく知られていた。ところが、ヴィーナーの方は、シタールよりも起源が古く純インド的な楽器であるにもかかわらず、現在主として南インドにその伝統が残っているためか、シタールほど広く知られていなかった。しかし近年、ようやくにしてわが国でもその存在がかなり一般的に知られるようになってきたのである。

最近、現代インドにおける代表的なヴィーナー奏者の一人であるナーゲーシュワラ・ラオが東京その他の都市で演奏会を開いた。日本で唯一の本格的ヴィーナー奏者である的場（まとば）裕子（ゆうこ）女史の先生である。名手ではあるが非常に地味な演奏をする人なので、それほど聴衆は集まらないと思っていたが、思いがけず大変な盛況で、演奏会は大成功をおさめた。しかも聴衆はほとんど若い人であった。インド音楽の将来は明るいと意を強くしたものである。

さて、問題は琵琶とヴィーナーとの関連である。『音楽事典』（平凡社）の「ヴィーナー」の項を見ると、音の似ている点からヴィーナーを琵琶の語源とする考えは誤りとある。筆者の「常識」は一刀のもとに斬（き）り捨てられたわけで、これにはいささかあわてざるを得なかった。そこで「琵琶」の項を見ると、わずかに救いがあり、「次いで南北朝（五世紀）に西域楽の東流が本格的に盛んになると、インド系の棒状胴、直頸、五絃のリュートが、……南北朝のはじめに北朝に入って五絃琵琶といわれた」という記述があったが、やはり琵琶の原語はヴィーナーであるとは書いてなかった。『翻訳名義大集』（『マハーヴィユットパッティ』5025）によると、ヴィーナー（vīṇā）のチベット語訳は「ピワン」あるいは「ピバン」（pi-wan, pi-ban）であり、それに「琵琶」という漢訳を当てている。しかしこれだけでは十分ではない。そこで仏典を見ると、けっこう「琵琶」という語がヴィーナーの訳語として用いられている。例えば、鳩摩羅什(くまらじゅう)（クマーラジーヴァ　四―五世紀）訳の『法華経(ほけきょう)』方便品第二（サンスクリット原典　II. 91）で、ヴィーナーの訳語として「琵琶」を当てている。しかしながら、鳩摩羅什の頃にはすでに中国に琵琶という楽器があったから、やはり音の類似によってヴィーナーを便宜的に琵琶と訳したにすぎない、という人もいるかもしれない。それにしても、少なくとも漢訳仏典においてヴィーナーを琵琶と訳したことは確かである。ただ、琵琶はヴィーナーの音訳であるとは断定できないということである。初期のヴィーナーは現在のヴィーナーとは異なり、弓型ハープの形をしていたという。だから琵琶と形状を異にすると思われるかもしれない。しかし一口にヴィーナーといってもいろいろな種類があり、リュート型のヴィーナーも古くから並存していたらしい。

琵琶はヴィーナーの直接の音訳ではないとしても、その形状の類似している点、名称の似ている点から見て、ヴィーナーと何らかの関連をもった楽器であるといえそうである。学問・芸術の女神であるサラスヴァティーがヴィーナーを手にし、サラスヴァティーの中国名である弁才天(べんざいてん)が琵琶を持っているのは、決して単なる偶然であろうはずがない。

（上村勝彦）

名利（めいさつ）

有名な由緒ある寺院を一般に名利といっている。「刹」はここでは寺院の意味である。ほかに寺刹（じせつ）とか梵刹（ぼんせつ）とかの用語もある。

漢訳の仏典では、刹の語は多くの場合、原語からの音写語である。例えば、刹土（せつど）（kṣetra 国土の意）、刹帝利（せっていり）、あるいは刹利（kṣatriya 四つのカースト中の武士階級）、刹那（せつな）（kṣaṇa 瞬間の意）などの刹はそれ自身意味がなく、音写したものである。

名刹・寺刹・梵刹などの刹はサンスクリット語ヤシュティ（yaṣṭi）、あるいはパーリ語ラッティ（laṭṭhi）の音写語といわれる。杖とか棒とかいう意味である。また旗竿（はたざお）という意味でもある。ここに用いられる意味は後者に当たる。したがって文字通りにいえば、有名な旗竿、寺院の旗竿、神聖な旗竿ということになる。ところが、この旗竿の意味をもった刹が今日寺院を指すようになったが、これの経緯は何であろうか。それについて簡単に説明しよう。

昔、中国の寺院で一般向けの説法が行われるときは、一人一人村人にふれ廻（まわ）ることは大変な仕事で、時間がかかった。そこで、長い竿を立て、それに旗を掲げて知らせたという。村人はこの旗を見て、寺院で今日説法があるんだナと知り、参詣するわけである。この旗を別名刹幡（幡は旗のこと）という。この慣わしがあったところから、寺のしるしとして、刹が寺院の代名詞になったともいう。

また、次の説も考えられている。禅宗では法戦といって禅問答が行われ、師僧が提出した問題に弟子がいかに答えるかによって、弟子の修行の深浅がわかるという儀式がある。

例えば、ある修行僧が、雲門禅師に、

「父を殺し母を殺し、仏前に向かって懺悔す。仏を殺し祖を殺して、いずれのところに向かって懺悔せん。」と問うた。

雲門いわく「露」と。

という問答がある。修行僧が雲門の「露」と答えた意味を会得しなかったら、まだ修行は到っていないことになる。ところが逆に会通するところがあったならば、かれは一法を得たとして、その証しを村人にも知らせる義務があったのかどうか知らないが、とにかく、その証しを知らせるのである。その時、刹幡をもって遠くにまで知らせたという。この場合、村人たちと限定するのではなく、一切の衆生へ知らせるという意味があったと考えられる。村人たちは、刹幡を見て、今日一僧が法を会得されたことを知り、供養をする。

このように悟得の知らせによく刹幡（幡刹）を用いたところからこれが寺院の代名詞となったという説も考えられる。いずれにしても、旗竿が寺院の諸行事とまではいかないまでも、何か重要な件があるときに、衆人に知らせる役目を果たしていたところから、これが寺院の代名詞となったことは確かであるようだ。

この刹竿（せっかん）には宝珠火焔（かえん）形のものをつけてあるが、宝珠は摩尼珠（まにじゅ）（mani）といって、悪を去り、濁水を清浄にし、災難を除く功徳があるとされるものである。火焔の形をしているというのは、仏は災難や悪魔に出会うと火焔三昧（ざんまい）にはいり、猛火を吹き出してその裏にかくれてしまうという伝えから、災難・悪魔よけの意味で火焔形を付しているものである。中国では、この宝珠火焔形の環をつけた刹竿（旗竿）に旗をつけている風景が寺院の一つの特色でもあった。今日、日本では見かけない。

（田上太秀）

入院（にゅういん）

入院とは病気を治療するために病院にはいることで、快癒して病院を退出することを退院という。入院、退院は病院に関する言葉であると一般には考えられている。ところが入院、退院は仏教では重要な用語である。

入院の「院」は、垣、かこい、役所、寺、学校という意味である。今日、日本では診療所、医院、病院という三種の呼び名の病院があるが、聞くところでは、入院ベッド数の多少の差によって名称が異なるといわれる。それはよいとして、医院とか病院とかいう名称は、いつの頃から使われだしたのかはわからないが、語義からすれば、医院・病院とは病人を治療する家、あるいは病人を囲ってあるところということである。しかしもともとは、そこは医院・病院と呼ばれず、病坊とか養病坊とか呼ばれていたらしい。それが今日の名称となったために、入院・退院の語が生まれたのである。

ここで入院について説明するのは、病院の入院語源を説明しようとするものではない。ただ、この入院の語が、古くは仏教で意味ある言葉として用いられていたことを関連づけて説明しようとするものである。

仏教語としての入院は、寺に住職としてはじめて入ることをいう。だから入寺ともいっている。寺は深山に建立されるのがふつうであったから、世俗をはなれて深山で修行するという意味で入山ともいわれた。寺には山号と寺号とがあり、〇〇山〇〇寺と呼び慣わしているが、それは深山に寺を建立したからである。街の中に建立されても山号はつける。この場合は、実在の山がなくても適当に名称を作っている。

入院のことを晋山ともいう。寺のある深山に修行するために進み入る（晋）という意味である。

また禅宗では、掛搭とも掛錫ともいう。諸国を修行のために行脚している僧は錫杖をもっていた。かつてインドの修行僧が山野を遍歴するとき、棒の頭部についた錫製の環をふり鳴らして毒蛇や害虫を追い払い、また小さな虫けらを踏みつぶすことのないように、これを地面にたたきつけて追い払いながら歩いたという。そのときの棒杖を錫杖といった。中国では、修行僧が行脚をやめて寺の僧堂に長く滞留して修行するときには、この錫杖をものをつりかけるカギ（塔鉤）にかけた。そこで一か所に長逗留して修行生活に入ることを掛搭、あるいは掛錫ともいい、入院と同じ意味で用いた。

ちなみに、寺を自発的に退くことを出院（しゅついん）という。出院を「すいいん」と読むと、犯戒によって寺を追放されることを意味する。

（田上太秀）

商人心(しょうにんしん)

石油ショックのときに、上は大商社から、下は町の雑貨屋まで、国をあげて投機に狂奔し、洗剤とかトイレットペーパーまで隠して値段をつり上げ、国民生活が大混乱したことは記憶に新しい。つい最近も二百カイリ問題が起こると同時に、魚の買占めとか魚ころがし、という記事が新聞にしばしば登場し、家庭の主婦を不安に陥れたものである。商社とか投機とかいう言葉だけで柳眉(りゅうび)をさかだてる正義派の主婦もいるはずである。

ところで、西鶴(さいかく)の『世間胸算用』四・四、「長崎の餅柱」の項に次のような話が出ている。当時の長崎に、京から下ってきた一人の小資本の商人がいた。生来頭もよく勤勉で、銭一銭むだにせず、飯もできるだけ外で食わず、つまり、極度に経営を合理化し、「長崎逗留(とうりゅう)の内、終(つい)に丸山の遊女町のぞかず。金山が居婆の利根やら、花鳥が首すじの白いやら、夢にも見ずして、枕に算盤(そろばん)、手日記をはなたず。」というぐあいに、二十年一所懸命に働いたが、一向に金持ちにならない。その頃、同じ京の生糸商で長崎に下った人で大金持ちになり、今は番頭に長崎をまかせて、自分は京でのんびり風流な暮らしをしている人びとが幾人もいた。そこで小商人がその成功の秘訣をたずねると、次のような答えが返ってくる。

「それはみな商人心といふものなり。子細は、世間を見合わせ、来年はかならずあがるべきものを考へ、ふんごんで買置の思い入れあふ事より、拍手よく金銀かさむ事ぞかし。このふたつものがけせずしては、一生替る事なし。」

要するに、商売は商人心（あきんどごころ）がなくては絶対成功しない、それは、社会の動きをよく観察し、来年は値が上がる、と思ったら、大資本にものをいわせて買いまくり、高価で売る、投機の心、一か八かの賭けの心である、というわけである。西鶴はここでこの商人心・投機心を諸悪の根源どころか、商人の理想の心がまえとして描いている。

ところで「商人心」という語は、密教の根本聖典ともいうべき『大日経』に出てくるのであり、その内容が偶然とはいえ、西鶴の商人心とまったく同じなのには驚いてしまう。

『大日経』では、人間というものを、百六十の心作用の形式の集合体としてとらえる。いってみれば「百六十心の人間観」である。経の中ではこのうち六十を列挙して説明するのであるが、その中の一つに「商人心」がある。

云何商人心。謂順修初収聚後分析法。

『大日経疏』ではこれを次のごとくに説明している（『大正大蔵経』三十九巻五九七ページ下段）。

「第廿一に云何（いかんが）商人心。謂く、初に収聚して後に分析（ママ）する法を順修す、とは、世の商人の如は先ず務めて貨物を儲聚して然して後は思惟し之を分析して此物をば某処の用に当て、彼の物をば某処の用に当てて大利を得べし。若行人先づ内外の学問を務めて周備せしめ已て方に復籌す、此れは是れ世典なり、是の如きの用に当て、此れは二乗の法なり、用て某人を接すべし、此れは大乗の資粮なり、是れ某縁の所要なりと。是れを商人心と名づく。」

また、ブッダグフヤという九世紀初めの学者は、次のごとくに説明する。

「（経に）商人心とは何か、摂聚してよく増大せしめてから後に依止する（心）である、というのは、商人の如き心であって、商人は売買する物資を、価格が低い時にひろく集めておき、価格が高くなったら、それらのすべてを（その価値を）さらに大きくして売る。同様にその心もまた、まず蘊処界の諸法（を摂聚し、後に）無常、苦等の法によってそれらを適切な如くに棄却するところの法に依止することである。」

通常、この商人心に限らず、百六十心をわれわれ凡夫の心であると考えるのであるが、私はそれでは『大日経』の人間観を理解していることにならないと思う。『大日経』作者は、確かに、凡夫の心をじっと観察した。その結果、人間の心というものが、一定の情況の中で、一定の対象に対しては、大体似かよった動きをすることに着目したのである。そして、そのような心の作用の形式の集合体として人間をとらえたのである。買占め、売り惜しみをする商人を非難する主婦の心の中にも、その同じ商人心は本能的なものとして、あるのである。この、価値が低いときにできるだけものを集めておき、価値が高くなったらそれを活用する、という心は、下は最悪の悪徳商人から、上は仏に至るまで人間についてまわるのである。

『大日経』がわれわれに要求するのは、仏に至るまでの永遠の尺度のうちにある自己の現在の商人心の位置を正確に認識し、目標を世の中のすべての衆生を利益するという大慈悲の発現におき、現実の個々の事例に即して、その心の利己的な側面を一段一段少なくし、正しい面を増大して、ついにはその商人心を仏の心の構成要素としての、大慈悲の発現の一形式としての商人心に一致せしめるべきだ、ということであろう。大悲とは人びとの苦しみを抜き、慈とは楽を与えることである。商人の理想は、正しい商行為を通じて世の人の幸福を増進することにある。仏教の菩薩はたいていい富裕な商人階級であったし、ジャイナ教徒は、専ら商業に従事して、現在でも世の人びとの尊敬を集めているのである。

（津田真一）

ありがとう

日本人が感謝とお礼の意味を表すことばに、「ありがとう」がある。漢字で書くと、古くは、「難有」となっていた。「有り難し」と読む。「ありえない」「なかなかない」とかの意味である。「なかなかありえない」から感謝の気持ちがそこに起こることになる。

いろいろの外国語を調べてみたわけではないが、日本人が用いる「ありがとう」のような意味をもった感謝の言葉は、ほかにはないだろうと思う。実は「ありがとう」の言葉は仏教用語というより、仏教思想を表す言葉である。仏教で難値難遇という語句がある。「値い難し、遇い難し」と読む。また「人身受け難し、仏法遇うことまれなり」という文句もある。これらは、経典中に多々用いられるものである。

また盲亀浮木の喩えがある。盲目の亀が広い大海で疲れをやすめるためにすがる浮木に遇うことの「ありがたい」ことを意味する喩えである。この喩えは、人間としてこの世に生まれることのむずかしさ、また仏の教えに今生でめぐりあうことのむずかしさを教えている。

では、なぜ人間として生まれることがむずかしいのか、それはなぜありがたいのか。原始仏典などによると、釈尊は人間に生まれる以前は、はかりしれない時間の年月において、いろいろの生類に生まれ変わり、多くの修行をされた。その間の自己犠牲と無数の善行によって、天に生まれ、最後のトソツ天にあっても多くの天人たちを教化された。この功徳によって、次に人間界に人間として生まれ変わり、仏陀になることを考えられた。仏典の中には、仏陀になるためには人間に生まれ変わらなければならないことを述べている。だから人間に生まれ変わることが、釈尊の願いであったことがわかる。

仏教で今生に人間の姿をして修行される釈尊の身体を最後身というのは、これが仏陀になるための修行の身体として最後であることを意味している。このような考えからすれば、私たち凡夫の人間が、今の身体をもって生きているのは、まさに最後身であろう。人間たちは仏陀になる最後の道程にあることになる。この人間として生まれるためには釈尊と同じような多数の修行を積んできたはずである。ところが、釈尊がこの世界に誕生されたとき、その直後に四方に七歩ずつ歩いてこの世界の生類（人間を含めて）を見渡してみると、自分よりすぐれた瑞相（三十二相八十種好相）と徳行をもって生まれ来たったものがいないことがわかり、「天上天下唯我独尊」と心に叫ばれたという伝説がある。このことによってすれば、釈尊以外の人間はまさに凡夫で劣性である。とはいえ、人間の身体をもって生まれたことは何にもすぐれて、「ありがたい」のである。

この人間が、また仏の教えを聞けるというのも「ありがたい」というのは、仏典によると、この宇宙に多数の仏陀が存在するが、その仏陀たちは、一国土に一仏として存在するという。私たちの国土には釈迦仏が存在した。この一仏に相見えて、その教えを聞けるとは、まったく「ありがたい」ことである。仏典は、仏が説法することは、まさに一大事であって、千年に一度しか花を咲かせないというウドンゲのように、まれなことで、「ありがたい」のである。

このように「ありがたし」とは、人間の生身をもって生まれること、仏の教えに浴することの困難さを意味している。この因縁にめぐりあうことは、至上の幸福とされる。「ありがとう」という言葉には、もともと、仏教思想が含まれており、すべての移り行きの中で、人間のいろいろなものとのめぐりあいが稀少であることを強調したものであることに留意しなければならない。

（田上太秀）

法螺

「かれのいうことは、ホラばっかりで信用できないヨ」とか「大ボラを吹く」などというホラは、うそとかおおげさなこととかの意味である。

法螺というのは、法螺貝のことで、これは螺貝というのが正しい。法螺貝といわれるようになったのは、螺貝を吹けば「諸天善神を召し喚ぶ」という修験者や一部の僧侶たちの信仰からつけられたという説があるが、実は法螺という名称は古く中国の漢訳仏典の中に出ている。つまり、インド原典を漢語に翻訳した仏典に「大法螺」という訳語で書かれている。

法螺貝はサンスクリット語でシャンクハ（saṅkha 巻き貝）という。インドでは吹奏楽器の一つとして使われていたらしい。今日でも南洋の原住民の間では楽器として使われている。古くに漁場での合図にこれを用いたり、人を集めるのに用いたりした。また、インドでは戦場でこれを吹いて出撃の合図に用いたようで、日本でも昔は軍陣での合図に用い、陣貝と呼んだ。

仏教では螺貝を吹くことを仏の説法に喩えた。そこではじめて、中国の翻訳者は法螺と訳した。一般には仏が説法することを、転法輪、すなわち教法の輪を転がすとか、獅子吼、すなわちライオンの遠吼えとかの表現をもって喩えている。これらと並んで、大法螺を吹くというのも仏の説法の喩えとして用いた。

漢訳仏典『方広大荘厳経』巻十一の転法輪品の中に、釈尊が成道後、はじめて五人の修行者に説法されんことを懇願されたときの文章がある。そこに、

「ただ願わくは世尊よ。……大法幢（大いなる教法の旗じるし）を建立して、大法螺を吹き、大法鼓（大いなる教法の鼓）を撃ちたまえ。」

と書かれてある。今日の意味でもってこれを読むと、ふき出したくなるような文章である。ここの「大法幢を建立する、大法鼓を撃つ」はいずれも仏の説法になぞらえているもので、同じ意味である。大法螺を吹くとは、仏の演説であり、転法輪であり、獅子吼である。

今日使われているような大法螺を吹くというのは、おそらく、「釈迦のようなえらぶったお説教をする」という意味がもともとの意味であったであろう。それが「大げさな言葉をいう」の意味に代わり、さらに「ウソをつく」という意味になったものであろう。

法螺貝はインドではヒンズー教の三主神の一つとされるヴィシュヌ神（Viṣṇu）のシンボルとされ、また、千手観音(せんじゅかんのん)の持ち物の一つともなっている。

（田上太秀）

III　仏教をとりまく宗教と神々

古代インドにおいて仏教は何もないところから突然出現したものではない。精神的な土壌はすでに用意されていたのである。

インドの歴史はたいへんに長く、インダス文明からたどるならば、仏教の興起以前に少なくとも三千年にわたる文明の歴史のあったことが知られている。西洋人と祖先が共通であるアーリヤ人のインド侵入からのちについて考えてみると、仏教以前のインドの宗教は大まかにいうと、ヴェーダ聖典を奉じ司祭者バラモンの指導するバラモン教と、ヴェーダ聖典を否定する自由思想家たち（沙門(しゃもん)）の諸(もろもろ)の実践法とがあった。仏教はヴェーダ聖典の権威を否定したという点では後者に近い。仏教の修行僧たちが「沙門」と呼ばれるのもそのためである。しかし仏教は当時の「沙門」と呼ばれる思想家たち、宗教家たちに対しても批判的であった。だからこそ独自の行きかたとしての〈仏教〉が成立し得たのである。

こういう歴史的社会的背景があるからこそ仏典のうちには当時の諸宗教や神々が登場している。

そして、漢訳仏典を通じて、それらのものはわが国にも渡ってきているのである。

今ではわが国で仏教の神々あるいは観念として認められて人びとの疑わないものが、その起源をたずねてみると、バラモン教のものであったり、のちのヒンズー教のものである場合が少なくない。無縁のものだとわれわれが思いこんでいる古代インドが実は身近にわれわれを取り巻いているのである。そのあとを以下において検討してみることにしよう。

（中村　元）

婆羅門

少し以前のこと、子供といっしょにテレビ漫画を見ていたら、バラモンという名の妖術使いが登場した。バラモンといえばインドに由来する言葉であり、インドといえば神秘の国で妖術使いがごろごろしている国であるかのようなイメージが強いので、バラモンはついに妖術使いの名にされてしまったものであろう。

漫画の話はさておき、婆羅門とはいったい何か？　婆羅門は、サンスクリット語ブラーフマナ（brāhmaṇa）の音訳である。ブラーフマナはまた「梵志」とも漢訳されている。

インドには古代からいわゆるカーストという階級制度のようなものがあり、それは基本的には、ブラーフマナ（祭官）、クシャトリヤ（王族・武士）、ヴァイシャ（庶民）、シュードラ（隷民）の四つに大別される。これを一般に「四姓」と呼ぶが、ブラーフマナ（以下、「バラモン」と記す）はその四姓のうちの最上者と自他ともに許していた。

インドでは紀元前三千年以前からインダス文明が栄えていたがやがて衰退した。つづいて紀元前十三世紀の末頃からインド・ヨーロッパ系のアーリヤ人が西北インドから侵入し、アーリヤ人支配の社会を形成した。その後、アーリヤ人と原住民（ドラヴィダ人など）との混血がかなり行われたようであるが、ある時期から、階級を凍結しようとする動きが支配階級（アーリヤ人）の側で強まり、四姓とそれらの中間にある諸カーストが成立した。原住民はシュードラやそれ以下のカースト（アウト・カースト）に組み入れられた。

四姓のうちでバラモンが最上のものとされた。バラモン支配の裏づけとなったものがヴェーダ学である。『リグ・ヴェーダ』をはじめとするヴェーダ文献は、紀元前一千年頃から作られたといわれる。『リグ・ヴェーダ』（一〇・九〇・一二）によれば、神々が原人（プルシャ）を犠牲獣にして祭式を行ったとき、その口はバラモンになり、両腕が王族となり、両腿（もも）はヴァイシャとなり、両足からシュードラが生じたという。この記述はバラモンの優越を示すためにしばしば引用された。

ヴェーダ文献はその後のインド精神文化の支柱となり、現代に至るまで暗唱されつづけている。ヴェーダ文献の量はぼう大なものであるが、バラモンの学者たちは驚異的な記憶力でそれらを暗記した。昔は書物にされたわけではないので、師から教えられた者の他はその内容を知ることができなかった。そして、ヴェーダを学ぶものは原則としてバラモンに限られていたから、バラモンはヴェーダに関する一切の知識をいわば独占していたわけである。古代社会においては祭式が非常に重要な役割を果たしていたから、祭式に不可欠なヴェーダ学を独占していたバラモンは王族すらもその支配下に置いた。古代インドにおいて、ヴェーダはちょうど二十世紀の科学のように、現実に社会を動かした原動力であった。

ところが、紀元前六世紀頃になると、すでにコーサラ国やマガダ国などの大国が出現し、国王の権力はいちじるしく伸び、バラモンの現実的支配力は相対的に弱まった。この頃には、バラモンのモラルも内部から崩れはじめ、心ある人びとのひんしゅくを買う者も多くなった。また、大都市の出現とともに、商工業が発達し、貨幣経済も盛んになった。新興ブルジョアジーの中には莫大（ばくだい）な富と権力をもつものも現れ、財力がものをいう時代になり、バラモンの至上権は崩壊した。ヴェーダ学は、現実社会においてその実効を失ったのである。仏教やジャイナ教などの新興宗教が現れたのはそうした時代であった。

しかし、精神の世界におけるバラモンの優位が失われたわけではなく、特にヒンズー教の興隆とともにバラモン階級は再び威信をとりもどし、現在に至るまで隠然たる勢力をもちつづけている。

（上村勝彦）

沙門

沙門というと仏教の修行者、出家して仏道を修める人のことである。「沙門空海」とか「沙門道元」とかいう具合に、一種の肩書きのように用いられることも多い。沙門はサンスクリット語シュラマナ（śramaṇa）あるいはその俗語形の音訳である。シュラマナは動詞語根シュラム（√śram「疲労する」、「努力する」、「苦行する」の意）から作られた名詞で、「苦行を完成した人」という意味で、仏教以外の宗教の修行者もシュラマナと呼ばれていた。

シュラマナという語はバラモン教でも用いられ、森林に入って修行をするバラモンもシュラマナと呼ばれることがあった。しかし、釈尊の頃になると、ヴェーダ聖典の権威を認めない非バラモン系の修行者が、特にシュラマナと呼ばれるようになった。つまり、シュラマナという語は、非バラモン系の修行者というやや特殊な意味で用いられるようになったのである。仏教と並ぶ非バラモン系の大宗教であるジャイナ教でも、自派の修行者のことをシュラマナと呼んでいた。当時の新興大都市では、そういう非バラモン系のシュラマナたちが盛んに教化活動を行い、時としてバラモンたちをも圧倒する勢いを示していた(「婆羅門」の項参照)。女性の沙門(śramaṇā, śramaṇī)も存在したらしい。出家した釈尊もそうした沙門の一人となったのである。彼は出家後、他派の人びとによって「沙門ゴータマ」と呼ばれた。また、釈尊が弟子たちに向かって「沙門たちよ」と呼びかけることもあった。かくてシュラマナという語は、仏教内で、仏教の出家修行僧を指す言葉として用いられるようになったのである。

『沙門果経』という初期仏教の経典がある。マガダ国王はジャイナ教の祖ニガンタ・ナータプッタ等の沙門に教えを乞うたが、満足すべき回答を得られず、釈尊のもとに行って沙門の目に見える果報は何であるかたずねた。これに対して釈尊はさまざまな目に見える沙門の果報を説き、王は満足して帰っていく。

以上が『沙門果経』の梗概であるが、その中で、釈尊は高徳な沙門・バラモンといわれる一般の修行者たちがいかにいいかげんな生活を送っているかを説いている。

例えば、ある沙門・バラモンは、草木を傷つけている。あるいは、食料、衣類などを貯蔵している。舞踊、音楽などの娯楽にふけっている。賭博や将棋などの遊びごとにふけっている。りっぱな寝台など上等の家具を用いている。美しく身を飾ったり化粧したりしている。また、スキャンダルなど低俗な話を好む。あるいは、ペダンティックな論争にふけっている。あるいは人の使い走りなどをやっている。また、詐欺を働いたり饒舌を弄したり、占いをしたりして金をもうけている。占星術や観相術を行ったり、護摩をたいたり、呪法を行ったり、あるいは卑しい予言術で生活をたてている。あるいは医者のまねごとをしている。

以上は当時の仏教徒による、バラモンや他の宗教に属する沙門たちに対する痛烈な批判であった。仏教の比丘たちは、すべてそのような生活法を禁じられていた。ところで、これらの批判は現代の仏教徒に対しても当てはまるのではないだろうか。テレビなどを見て、人のスキャンダルを聞いて喜んだり、ぜいたくをしたり、ペダンティックな議論をしたり、あやしげな術を用いたり……。現代の僧侶にとっては耳の痛いことばかりである。

われわれは、釈尊のいう「高徳な沙門」（＝インチキ沙門）とならぬよう、可能な限り努力しなければならないだろう。そういう努力をすることが、現代における沙門（努める人）の沙門たるゆえんである。

（上村勝彦）

梵天

梵（ブラフマン）が我（アートマン）とともに古ウパニシャッドの中心的原理であったことは、すでに「無我」の項で説いた。（『仏教語源散策』参照）

ブラフマンというのは、もともとヴェーダの祈禱の文句、およびその中に内在する神秘力を意味したが、祭式万能の傾向がすすむにつれて、神々をすら自由に駆使する原動力とみなされ、ついに宇宙の根本原理・創造力の名称となったものである。このブラフマン（brahman）は中性の原理であるが、それが神格化され、男神とみなされたものが梵天である。梵天のサンスクリット名はやはりブラフマンであるが、男性の神なので、ブラフマー（Brahmā）と男性形を用いて表すのが一般的である。すでに『カウシータキ・ウパニシャッド』の中に、梵天のすばらしい世界についての記述が見られるが、この時代に宇宙を創造した最高神としての地位を確保したようである。仏教の時代になるとその神話の中に編入され、帝釈天（インドラ）とともに仏法の守護神とみなされるようになった。

ヒンズー教では、ブラフマーはヴィシュヌ神、シヴァ神とともに三大主神とみなされている。ブラフマーが宇宙を創造し、ヴィシュヌがそれを維持し、シヴァがそれを破壊するとされた。そして、ブラフマー、ヴィシュヌ、シヴァは同一神の異名に他ならないという、三神一体の説も現れた。ブラフマー神にまつわる神話は無数にあるが、それらのうちでこの神がヴィシュヌ神の臍（へそ）から生まれたという有名な神話を紹介することにする。

原初、ヴィシュヌ神が赤児の姿で寝ていたとき、こう考えた。

「自分は何者か？　誰が自分を創造したか？　何のためにか？　自分の仕事は何か？　どこで仕事をすべきか？」と。

すると天空から声が聞こえた。

「実にこの一切は自分に他ならない。自分以外には永遠は存在しない。」

ヴィシュヌはその声の意味が理解できずに考えこんでいた。するとマハー・デーヴィーが現れて、ヴィシュヌの臍からブラフマーが生まれ、ブラフマーの眉間（みけん）からルドラ（シヴァ）が生まれ、そしてブラフマーが世界を創造し、ヴィシュヌが維持し、ルドラが破壊することを告げる。するとヴィシュヌ神の臍から蓮華（れんげ）が生じ、その上にブラフマーが座っていた。かくてブラフマーは苦行して、その力によって世界創造を開始したという。

また、『マヌ法典』の冒頭に、次のようなブラフマーによる宇宙創造神話が説かれている。

宇宙創造の以前には一切は闇黒（あんこく）の中に包まれていた。そこで自存神は闇黒を排除して現れ、まず最初に水を造り、そして彼の種をその中に投じた。その種は太陽のように輝く黄金の卵となり、彼はその中に全世界の祖たるブラフマーとしてみずから生まれた。卵は二つに割れ、一方は天となり他方は地となった。こうして、ブラフマーはこの宇宙の一切のものを次々と創造していったという。

ブラフマーはヴィシュヌ神やシヴァ神のように、多くの人びとの熱狂的な信仰の対象とはならなかった。またブラフマーの妻（サーヴィトリー等）も、ヴィシュヌやシヴァの妻たちと比較するとはなはだ影が薄い存在である。

（上村勝彦）

毘首羯磨

毘首羯磨は、わが国でも美術・工芸・建築を司る神として知られ、古典文学の中でときおり言及されることがある。毘首羯磨はサンスクリット語ヴィシュヴァカルマン(Visvakarman)の音訳で、その他にも毘濕縛羯磨、毘守羯磨、尾首羯磨などとも記され、妙業、妙匠、工巧、巧化師などと訳される。

ヴィシュヴァカルマンは非常に古い神格で、すでにインド最古の文献である『リグ・ヴェーダ』(一〇・八一〜八二)の中にこの神に捧げる讃歌が見出される。ヴィシュヴァカルマンとは、「一切(ヴィシュヴァ)を造ったもの」という意味であり、もともとはインドラ神(帝釈天)、あるいは太陽を指したものであるというが、『リグ・ヴェーダ』ではすでに独立の神名として登場している。

聖仙ヴィシュヴァカルマンはあらゆる方角に眼を持ち、あらゆる方角に腕を持ち、あらゆる方角に足を持つという。彼は天地を創造したとき、両腕により、翼であおいで、ちょうど鍛冶工のようにそれを鍛接したという。また、創造の際、彼、あるいは創造を助けた神々や聖仙は、ちょうど大工が木材で家を建造するように天地を建造した、とも示唆されている。『リグ・ヴェーダ』におけるヴィシュヴァカルマンのその他の特徴については、辻直四郎博士の日本語訳（『リグ・ヴェーダ讃歌』岩波文庫三一〇～三二四ページ）を参照されたい。

ヴィシュヴァカルマンはその後も叙事詩やプラーナ文献などに登場して活躍する。彼は八のヴァス神群の第八であるプラバーサ（光明神）と、ブリハスパティ（祈禱主神）の妹であるヴァラストリーとの間に生まれた子であるとされる。インドラ（帝釈天）あるいはブラフマー（梵天）の宮殿に仕えたという。彼はありとあらゆる種類の工芸の創始者であり、神々の間の建築家であり、あらゆる種類の装飾品を作り、すぐれた彫刻家でもあるとされる。また、彼は神々のすべての天車を作ったといわれている。

例えば、彼はヤマ（閻魔）やヴァルナ（水天）の宮殿を建設した。またクベーラ（毘沙門天）やその異母弟の羅刹王ラーヴァナが統治したことで有名なランカーという都市を南方のトリクータ山頂に建設した。また、クベーラの乗り物である天車プシュパカは、ヴィシュヴァカルマンによって作られたものである（『仏教語源散策』参照）。また、シヴァ神がトリプラの都を焼き尽すときに乗っていた天車も彼が作ったものである。彼はまた、有名なティローッタマーをはじめとする天女たちをも作り出したのである。

彼とその娘たちの間のエピソードも興味深いものがある。例えば、彼の娘の一人サンジュニャーは太陽神に嫁いだが、夫のあまりの熱さのために近づくことができず、父にこぼした。そこで彼は道具で太陽を摩滅させその熱を奪おうと企てたが、わずかに熱光線の八分の一を取り去っただけであった。しかし、その熱光線の破片からヴィシュヌ神の武器である円盤（チャクラ）、シヴァ神の三叉の槍、クベーラ神の天車プシュパカ、そして軍神スブラフマニヤ（スカンダ＝韋駄天）の「シャクティ」と呼ばれる武器を作ったという。

ヴィシュヴァカルマンはまた四番目の娘であるチトラーンガダーの自由恋愛を怒り、娘に苛酷な呪詛をかけたが、そのあまりにもひどいうちに腹を立てた隠者によって、みずからも呪詛され、巨大な猿の姿に変えられた時期があった。そのときに妻のグリターチーと交わって生まれた息子が、ラーマ王子を援助した大猿ナラである。彼は父親同様に有能な建築家で、猿軍を指揮してランカーに渡る海上の橋を建設したといわれる。

（上村勝彦）

八大竜王

時により過ぐれば民のなげきなり八大竜王雨やめたまへ

鎌倉の第三代将軍　源実朝のあまりにも有名な歌である。自らの暗い運命を予感しつつも、天下万民のために凜乎として天に向かって呼びかける実朝の姿に、日本には珍しいタイプの貴人の姿を見る気がする。

ところで竜といえば、仏教の世界観では竜は地下、または大海の底に住むのであるが、この歌では、実朝のイメージとして、どうも地下や海中に向かって祈っているという感じはしない。やはり、巌頭に立って堂々と胸をはり、天に向かって朗々と語りかけなくては絵にならない。

東京オリンピックのとき、歌舞伎座で、外国人にもわかりやすい狂言ばかりを選んで上演したことがあったが、そのときの出し物の中に「鳴神」があった。松緑の鳴神上人、歌右衛門の雲の絶間姫であった。

鳴神上人をうまく酔いつぶした雲の絶間姫が、こけつ転びつ舞台左手の巌の上にかけ上り、滝の上にかかった七五三縄を懐剣（これは大いにポルノグラフィックな狂言で、姫が懐に剣を隠しておくのは難しかったはずなのであるが……）で切ると、とたんにドロドロとお囃子が鳴って、天井から稲妻の絵を描いた看板が下がってくる。それはよいが、三尺ばかりの、鯉幟を細くしたような黄色っぽい竜が上方へひょろひょろ引き上げられ、金竜が天に駆け上った、というにしては多少もの足らない感じがした。

芝居の「鳴神」は、直接には謡曲の一角仙人によったものであるが、一角仙人の話は、『大智度論』第十七巻にある通り、インド起源である。『太平記』巻三十七にも詳しい話が出てくるが、それによると、一角仙人は山路を下っていて「松ノシヅク苔ノ露」で岩が滑るので、滑って転んで腹を立て、「竜王ガアレバコソ雨ヲモ降ラセ、雨ガアレバコソ我ハスベリテ倒レタリ、不如此竜王共ヲ捕ヘテ禁楼センニハ」というわけで、内外八海のあらゆる大竜小竜をとらえて巌の中に押しこめてしまったのである。大体インドの仙人というのは、脱俗どころか、ちょっとのことに腹を立てたり、女性を見るとフラフラして恥をかいたり、仏典では、あまり尊敬を払われない例が多い。もちろん一角仙人も後宮第一の美女扇陀女に誘惑されて通力を失い、竜たちは遁れて、

ふたたび雨は降り、万民は潤う。

八大竜王というからには八匹（?）おり、出入りがあるが、『法華経』序品には、

難陀（ナンダ、歓喜竜王、全竜中の王）
跋難陀（ウパナンダ、歓喜竜王の兄弟）
娑伽羅（サーガラ、海竜王）
和脩吉（ヴァースキ、九頭竜王）
徳叉迦（タクシャカ、多舌竜王）
阿那婆達多（アナヴァタプタ、無熱悩竜王）
摩那斯（マナスヴィン、慈心竜王）
優鉢羅（ウトパラ、青蓮華竜王）
の八匹が多くの眷属をひきつれて法華経説法の会座に列ったことになっている。
これらの竜王はそれぞれ性格が異なって、皆が雨を降らせるわけではないが、特に娑伽羅竜王は、古来請雨法の本尊として尊重された。サーガラ（sāgara）とは、海のことである。ついでながら、この竜王の娘が『法華経』第五提婆達多品の有名な竜女成仏の話の女主人公である。
『最勝楽出現タントラ』では、その曼荼羅を取り囲む八つの尸林（死体遺棄場あるいは火葬場）の一つ一つに竜王が配されているが、列挙するなら、和脩吉、徳叉迦、カルコータカ、パドマ、マハーパドマ、フルフル、クリカ、シャンカパーラカである。

また『ヘーヴァジュラ・タントラ』には、アナンタ竜王を用いる請雨法がある。少し長くなるが紹介しよう（HV. I. ii. 20）。

「まず、オーム・アーハ・プァという字を画いたアナンタ竜王の小像を作り、それを五甘露（尿等の五種の排世物）で洗い清めて黒色の花でかざり、ナーガダマナカ（竜を調伏するものという意味、植物の名であろう）の汁を塗り、発情期の象のこめかみから流れる液をその頭に塗る。一対の皿を合わせてサムプタの形にし、その中にアナンタ竜王の像を安置して、黒牛の乳で満たす。それを黒い童女が紡いだ糸で巻く。北西の方角に池を掘り、そこに、そのアナンタ竜王（の像）を安置する。尸林の炭で黒粉、男人の骨で白粉、雄黄（ゆうおう）より黄粉、尸林の煉瓦より赤粉、チャウルヤの葉と男人の骨の粉をまぜて緑粉、男人の骨の粉と尸林の炭の粉をまぜて青き粉を作り、それで曼荼羅を画く。尸林の糸（屍体から抜き取った腸）で一辺の長さ三肘と三指の曼荼羅を区画し、その中央にアナンタ竜王を踏みつけたヘーヴァジュラを描く。彼は八面十六臂、四脚で二十四眼を有す。次の阿闍梨は内心に、猛悪の心を起こして人気（ひとけ）のない場所で次のような意味の真言を唱える。

オーム・グルグル、グツグツ、グダグダ、マサマサ、起これ起これ、起こらしめよ、起こらしめよ、アナンタ竜王を震わせるもののために、竜どもの主のために、七つの地界に棲む竜どもを句召せよ、雨を降らせよ、轟かしめよ、威嚇せよ、プァプァプァプァプァプァプァ、フーム、フーム、フーム、プハット、スヴァーハー
もし雨が降らないなら、その時はその真言を逆に誦する。しからば雨は降る。もしそれでも降らないなら、そのときは（アナンタ竜王の）頭はアルジャカの花房のごとくに裂ける。これが雨を降らせる儀軌である。」

（津田真一）

乾闥婆（けんだつば）

乾闥婆という言葉はそれほど一般に知られていない。しかし、仏教信者の中には、この言葉を耳にしたり唱えたりした人もいるかもしれない。例えば、「観音経（かんのん）」には、「天（てん）・竜（りゅう）・夜叉（やしゃ）・乾闥婆（けんだつば）・阿修羅（あしゅら）・迦楼羅（かるら）・緊那羅（きんなら）・摩睺羅伽（まごらが）……」と、天竜八部衆の一つとして列挙されている（『仏教語源散策』参照）。

また、『今昔物語』などの古典をひもとくと、ときとして「けんだつば」という言葉に出くわすことがあろう。

乾闥婆は、サンスクリット語ガンダルヴァ（gandharva）の音訳である。健達縛、乾達婆、健闥縛、犍達婆、彦達婆、犍沓和、乾沓和なども音訳される。また、ガンダ（gandha）という語が「香」を意味することから、香を食べて生きていると通俗語源解釈されて、食香（じきこう）、尋香（じんこう）などと漢訳されることもある。

ガンダルヴァの名はすでにインド最古の文献である『リグ・ヴェーダ』に出てくるが、そこではまだあまり華々しい活躍をしてはいない。初期ヴェーダ文献においては、ガンダルヴァは神々に仕える半神とされ、天界の神酒ソーマを守る番人であり、水の妖精アプサラスたちを妻とするとされた。彼らはまた太陽をひく馬を監督し、あるいは火神アグニや律法神ヴァルナに仕えるともいわれた。彼らはもともと水と縁が深く、そのために水の妖精アプサラスを妻とするとみなされるようになったものであろう。それとともに、彼らが女性を好むというイメージが形成され、ときとして人間の女性にも色目をつかうとされた。しかし同時に、女性と結婚の守護神ともみなされるようになった。

古代インドの婚姻法の一つに、ガンダルヴァ婚（ガーンダルヴァ）というのがある。ガンダルヴァ婚というのは、娘とその愛人との意志により結合し、愛欲より発して性的結合を目的とする結婚であり、要するに自由恋愛によって結ばれた場合である（例えば『マヌ法典』三・三二を見よ）。この結婚法は、当然のことながら道学者によってはあまりすすめられていないが、人間の本能にもとづくものであるから、好んで文学の主題とされ、律法経や家庭経の中ですら称讃（しょうさん）されている例もある。

「或る人々はガーンダルヴァ婚をあらゆる〔階級〕に対し称揚す。何となれば愛情に随従するものなれば」

「心の恋いこがれ、眼の慕いよる婦人、これを福相具足の者と知れ。〔好相の〕知識に何の用かこれあらん」

（辻直四郎博士「古代インドの婚姻儀式」鈴木研究年報12〜13二九ページより引用）

恋愛結婚がガンダルヴァと結びつけられたことからも、ガンダルヴァが結婚と非常に縁の深い半神であることがうかがえる。仏典において、ガンダルヴァが受胎を司る神という説が出されることもあるが、それについては後で言及する。

ヒンズー教においては、ガンダルヴァはインドラ神（帝釈天）の宮廷に仕える天上の音楽師とされた。ここでもやはりアプサラスを妻とするが、空中を自由に飛行し、しばしば人間の世界をも訪れて美女たちを誘惑するといわれる。彼らは神通力（じんつうりき）をそなえる魔性の半神で、「ガンダルヴァの都市」（gandharva-nagara 乾闥婆城）というと、蜃気楼（しんきろう）のことである。また音楽に巧みということで、「ガンダルヴァの学」（gandharva-vidyā）というと音楽を意味した。

このヴェーダおよびヒンズー教文献に現れたガンダルヴァが仏教神話に取り入れられて、天竜八部衆の一つとされたのである。

ところで、仏典中には、ガンダルヴァが来ることが受胎の三条件の一つとされることがある。この場合も、ガンダルヴァが受胎を司る神であるという解釈もなされることもあるが、仏教学者によれば、ガンダルヴァは輪廻（りんね）転生の主体であり、中有（ちゅうう）そのものであると理解されるのがふつうである。もしそれが正しいとすれば、仏教におけるこの特異なガンダルヴァの観念はいったいどこから出てきたのか、非常に興味ある問題である。

（上村勝彦）

須弥山（しゅみせん）

須弥山はサンスクリット語スメール（Sumeru）の音訳である。スメールは妙高山（みょうこうせん）と漢訳されている。特に、仏教文献においてスメールというのであるが、一般のインドの文献ではメール（Meru）と呼ばれることが多い。「ス」（su-）は「みごとな」、「美しい」という意味の接頭辞である。

仏教の宇宙論によれば、虚空の中に風輪が浮かび、その上に水輪、そのまた上に金輪という層がある。そして金輪の上に九つの大山、四つの大陸、海などが乗っている。その中心に位置する最高の山が須弥山（スメール）であるという。（『仏教語源散策』参照）

須弥山は八万（あるいは八万四千）ヨージャナ（距離の単位「由旬（ゆじゅん）」）の深さの海底に立ち、さらに海面から八万（あるいは八万四千）ヨージャナの高さにそびえている。だから、その高さは海底から測れば合計十六万（十六万八千）ヨージャナであることになる。この山は金、銀、瑠璃（るり）、玻璃（はり）からできているといわれるが、サンスクリット文学作品によれば金、水晶、ルビー、エメラルドから成るとされる。

須弥山を中心にしてその周囲を七つの山脈が環状に取り巻いている。すなわち、ユガンダラ（持双、踰健達羅）、イーシャーダーラ（持軸、伊沙駄羅）、カディラカ（朅地洛迦）、スダルシャナ（善見）、アシュヴァカルナ（馬耳）、ヴィナタカ（尾那怛計）、ニミンダラ（尼民達羅）である。ニミンダラ山の外側に、ジャンブ・ドゥヴィーパ（南）、プールヴァ・ヴィデーハ（東）、アパラ・ゴーダーニーヤ（西）、ウッタラ・クル（北）という四大陸がある。そしてその外側、金輪の上の世界外郭をチャクラヴァーダ（輪囲山、鉄囲山）という環状の山脈が取り囲んでいると考えた。

メール山を中心とする四大陸とチャクラヴァーダ（またはチャクラヴァーラ）の観念は、プラーナ聖典などのヒンズー教文献にも見出される。それによれば、四つの大陸の形状は蓮華の四つの花びらに似ているとされ、世界はヴィシュヌ神の臍から生じた蓮華に喩えられる。

仏教の宇宙観によれば、この須弥山の中腹に四天王が住み、頂上に三十三天が住み、さらにその上に夜摩（ヤーマ）天が住み、さらにその上方に観史多天、楽変化天、他化自在天の順に住んでいるという。そして、以上の六欲天の上方に初禅、二禅、三禅、四禅の天たちが住んでいるという具合に、禅定体験と結びついた仏教独自の壮大な宇宙論を展開するのだが、今はそれを詳しく論ずる余裕はない。興味のある方は、定方(さだかた)晟(あきら)氏の『須弥山と極楽』(講談社)をごらんになることをおすすめする。

ヒンズー教神話においても、メール山には三億三千万の神々が住んでいるとされる。太陽と月は、毎日のようにメール山の周囲をまわる。メール山の東側にはジャラーとデーヴァグータという二つの山があり、西側にはパヴァマーナ山とパーリヤートラ山、

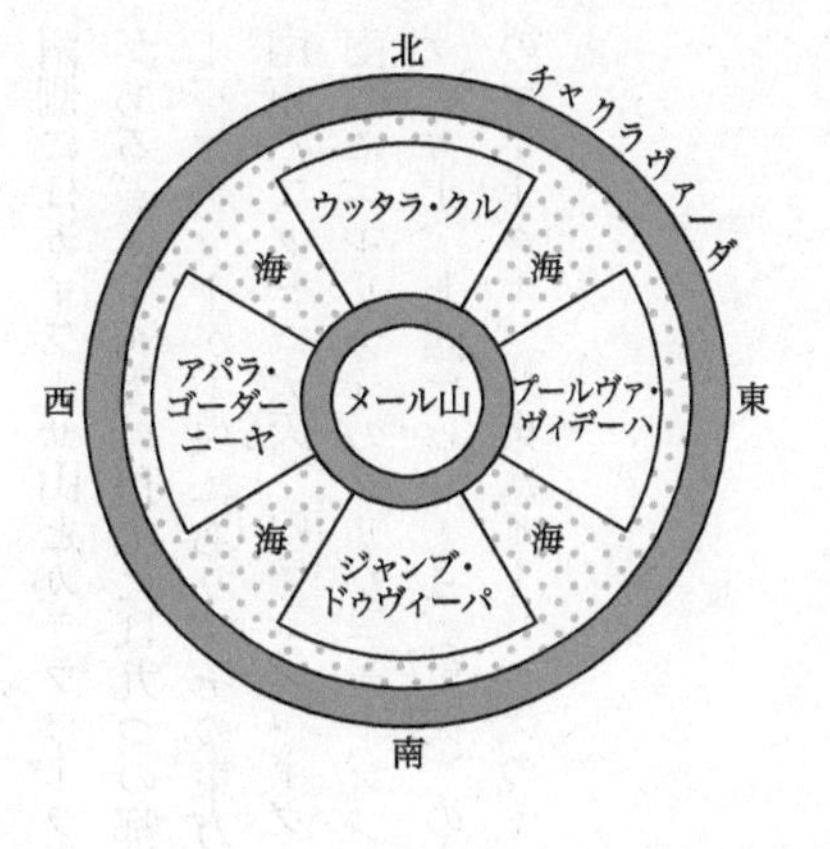

南側にはカイラーサ山とカラヴィーラ山、北側にはトリシュリンガ山とマカラギリ山がある。メール山の頂上には九つの都がある。すなわちブラフマー（梵天）の都マノーヴァティーが中央にあり、その東方にインドラ（帝釈天）の都アマラーヴァティー、南東にアグニ（火天）のテージョーヴァティー、南にヤマ（閻魔）のサンヤマニー、南西にニルリティのクリシュナーンジャナ、西にヴァルナ（水天）のシュラッダーヴァティー、北西にヴァーユ（風天）のガンダヴァティー、北にクベーラ（毘沙門天）のマホーダヤ、北東にイーシャナのヤショーヴァティーが位置するとされた。

（上村勝彦）

羅刹（らせつ）

羅刹は古代インドの代表的な悪魔の一種で、人に危害を加えその肉を食べる夜行の食人鬼であるといわれる。羅刹はサンスクリット語ラークシャサ（rākṣasa）あるいはラクシャス（rakṣas）の音訳である。女の羅刹もいて、ラークシャシー（rākṣasī 羅刹女（らせつにょ）、羅刹斯（らせつし））と呼ばれる。ラークシャサはまた、羅叉（らしゃ）、羅刹婆（らせつしゃ）なども音訳される。

羅刹（ラクシャス）はすでに最古の文献『リグ・ヴェーダ』に登場する。彼らは祭式を妨害し、祈念している人を悩まして、火神アグニに焼き殺されることになる。『アタルヴァ・ヴェーダ』によれば、彼らは青または緑または黄色の恐ろしい身体をし、眼は上下に長く裂け、その指の爪は有毒である。彼らは人間や馬の肉を食う。

羅刹の起源について、次のような神話がある。

太古、ブラフマー（梵天）がヴェーダを吟誦（ぎんしょう）していたとき、彼はたいそう飢えに悩まされた。そしてこの神の怒りから羅刹（ラークシャサ）が生まれ、その飢えから夜叉（ヤクシャ）が生まれた。羅刹たちは悪魔となり、牛を食べたりバラモンを殺したりした。

羅刹の一族のうち、マーリヤヴァーン、スマーリー、マーリーという三兄弟は、苦行を行じてブラフマー神を満足させ、「夜叉をはじめとする半神族、ヤマ、クベーラなどの神々、竜王および他の悪魔を制圧し、敵に絶対にうちまかされず、また羅刹族は決して内輪もめをしないように」、という願いをかなえてもらい絶大な力を得た。三兄弟はそのために非常に高慢になり、牛やバラモンを殺しつづけた。彼らはさらにヴィシュヴァカルマン（「毘首羯磨」の項参照）に頼んで、南海のトリクータ山の頂上にランカーという都市を建設してもらった。こうして、三兄弟をはじめとする羅刹の一族は、ランカーに住むようになった。

彼らはまた一族の娘のカイカシーを、梵天の孫ヴィシュラヴァスの妻とした。この政略結婚の結果生まれたのがラーヴァナである。ラーヴァナは、一時ランカーの所有者となった異母兄のクベーラ（毘沙門天）からランカーを奪い、羅刹の王となった（『仏教語源散策』参照）。しかし、ラーヴァナはラーマ王子からその妃シーターを略奪したため、ラーマに殺されることとなった。

ちなみに、古代インドの婚姻法の一つにラークシャサ婚というのがある。ラークシャサ婚とは、娘の親たちを殺害し、家を破壊した後で、泣き叫ぶ娘を家から略奪するという方法である。この方法はクシャトリヤ（武士階級）には適法とされ、ときには実行されたこともあったようである。

ラークシャサは仏教に取り入れられて、後には仏教の守護神とみなされるようになった。羅刹天は十二天の一つとされ、神王形で甲冑をつけ、刀を持って白獅子に乗る。

（上村勝彦）

苦行

苦行は禅定とともに、古代インドの宗教家によく用いられた修行方法であった。仏教と並ぶ大宗教であるジャイナ教の修行者は激しい苦行をすることで有名である。ジャイナ教では肉体を徹底的に苦しめ憔悴させることにより、肉体が滅びて霊魂が純粋となり、完全な解脱を得ることができると信じられ、断食による死すら讃美したのである。

一般に、釈尊は苦行の空しさを知って苦行を捨てた後、菩提樹の下でさとりを開いたとされる。初期仏教一般では「苦楽の中道」を主張する（『仏教語源散策』参照）から、苦行の無意味さを強調したものであろう。あるいは、ライバル教団のジャイナ教などで極端な苦行を礼讃していたので、仏教側としては苦行を重視しないかのような立場をとったものであろう。

しかしながら、釈尊自身、後年「いかなるものでも自分が行じたような激しい苦行をするものはいない」と誇らかに回想しているように、決して苦行を無意味であるとのみ決めつけているわけではない。むしろ禅定とともに完全なさとりに至るステップとみなした方がよいのであろう。

釈尊は心を制御する苦行、呼吸を止める苦行、断食による苦行、減食による苦行を行ったといわれる。それらの詳細についてここで述べる余裕はないが、すべて当時一般に行われていた方法に従ったものであろう。

苦行の結果、釈尊は文字通り骨と皮だけになり、眼はくぼみ、皮膚は黒くひからび、がい骨のようになったという。ガンダーラ彫刻にある有名な苦行中の釈尊の像は、その時の釈尊の姿を想像して作品化したものである。中国や日本では「出山の釈迦」といって、画題にされている。

釈尊の排除したものは、苦行のための苦行であった。自分の身体を苦しめることは、潜在的に存するマゾヒスティックな感情を刺激する。最高の目的を成就する手段として始めた苦行であるが、いつしか苦行に快感をおぼえるようになり、苦行自体が目的になってしまう。晩年のパスカルがその典型的な例であろう。あるいは、自分がこういう人のできないことをしているのだ、という自己顕示欲がはたらく場合もある。釈尊が苦行を捨てた理由はそういう苦行のための苦行に陥るのを恐れたからに他ならないと筆者は思う。

さて、仏典に現れる苦行の原語は、サンスクリット語タパス（tapas）である。タパスは語根タプ（√tap 熱する）から派生した語で、「熱」を意味する。ところで、タパスは苦行や功徳によって獲得する全能の力で、物質的なものと考えられていた。修行者は苦行を実践して、あたかも財産を貯えるようにタパスを貯蔵していくのである。タパスを積んだ人のことを「タパスを財産とするもの」（tapo-dhana）と呼ぶ。だから、タパスは苦行や功徳の結果として貯えられたものであり、苦行そのものをタパスと考えるのは、意味の移行によるものである。

タパスを積んだ行者は全能な力を得る。彼が呪えば、神々ですらその力に縛せられる。また、行者が婦人と交わると、そのタパスは放出されてしまう。インド文学では、インドラ（帝釈天）が苦行者を恐れて、彼の苦行の妨害を企てるというモチーフが好んで作品にされる。それと関連して、天女や遊女が苦行者に近づいて誘惑するというモチーフもインド人の好むところである。いや、インド人だけではない。苦行者と女、禁欲とセックスという問題は、世界中の人びとの関心事でもある。

なお、タパスについては、原実（はらみのる）『古典インドの苦行』（春秋社）を参照した。

（上村勝彦）

Ⅳ　大乗仏教のすくい

最初期の仏教においては、修行者各自がめいめい自分の力にもとづいて努力修行して目的を達成することをめざしていた。「人は他人を解脱させることはできない」といい切っていた。高僧はただ指導者であったにとどまる。そのうちで最高の人格がゴータマ・ブッダ、釈尊であったにすぎない。

しかしそれは多くの民衆のたより得る道ではない。インドで大乗仏教が起こると、殊に諸仏・諸菩薩の慈悲にすがって救われることを人びとが願うようになった。日本で拝されている諸仏・諸菩薩は、釈尊以外は主として大乗仏教において現れたものである。

アジア諸国で最もひろく拝まれているのは観音菩薩であるが、かつては弥勒菩薩の信仰も盛んであったし、現在でも薬師信仰は生きている。東アジア諸国（中国、ヴェトナム、台湾、華商の地域）では浄土教と禅とが融合し、諸仏諸菩薩の信仰が渾然としているような形態の仏教が行われているが、日本では浄土教と禅とは分離している。

浄土教においては、阿弥陀仏の誓願により罪障深重の身でも極楽浄土に〈往生〉することをめざし〈一蓮托生〉というようなことばまでも出てきた。浄土教を標榜する寺院や信徒の数は限られているかもしれないが、浄土教的な心情というものは日本人一般にゆきわたっている。

（中村　元）

阿弥陀（あみだ）

一般に笠（かさ）や帽子などを後頭部の方へずらしてかぶることを「あみだにかぶる」と表現し、あみだにかぶった笠のことを「阿弥陀笠」という。これは、後頭部にかぶった笠の形状が阿弥陀仏の光背と似ているから、そのように呼んだものである。また、阿弥陀籤（くじ）というのは、放射状に引かれた線の形が阿弥陀仏の後光に似ているからそう呼ばれたものである。さらにまた、阿弥陀仏の名号を唱えて往生することを御陀仏（おだぶつ）といい、転じて死ぬことを意味する。このように、阿弥陀仏は観音菩薩とともに民衆に愛された仏（ほとけ）さまで、「阿弥陀」という言葉も日常語の中にさまざまな形で、直接的、間接的に取り入れられているのである。

ところで、阿弥陀仏とはどのような仏であるのか？　無限と思われる程遠い過去世に世自在王仏（せじざいおうぶつ）（ローケーシュヴァララージャ）が在世したとき、一人の国王がいた。その王は、王位を捨てて出家し、無上なるさとりを得ようとこころざして、比丘（びく）となった。これが法蔵（ほうぞう）比丘である。彼は諸仏の浄土を見学し、種々の誓願（四十八願）を起こして永い間修行を重ねたため、今から十劫（劫〔カルパ〕は一説によると四百三十二万年の千倍）以前に成仏して阿弥陀仏となり、この世界から十万億（あるいは百万億）の仏国土のかなたに西方極楽世界を作り、現在もそこで法を説いているといわれる。法蔵比丘の説話は『無量寿経』などに説かれているが、その他の経典には、法蔵説話と異なる種々の前生物語が説かれている場合もある。ただ、法蔵説話が群を抜いて有名で、人びとに親しまれたものである。

さて、「阿弥陀」という語の原語は、一般にサンスクリット語アミターユス（Amitāyus）あるいはアミターバ（Amitābha）であるとされる。つまり、この二つの語の「アミタ」という部分を音訳したものであるという。アミターユスは「無限の（アミタ）寿命（アーユス）をもつ」という意味で、無量寿と漢訳された。またアミターバは「無限の（アミタ）光（アーバー）をもつ」という意味で、無量光と漢訳された。藤田宏達博士によると、初期の大乗教徒の間では元来アミターユスを主とみるグループとアミターバを主とみるグループが独立に存在したが、阿弥陀仏を主題とする浄土経典に至って、この二つのグループが統合されたと推測され得るという。そこで「アミターバの寿命が無量であるからアミターユスと名づける」という解釈が生まれ、アミターバとアミターユスは完全に一体化されるに至ったのである。

ところで、阿弥陀の原語をアミターユスあるいはアミターバに求めず、アミタ（amita 無量）という語そのものに求める説もある。すなわち、漢訳者が用いた原典の中にアミタというサンスクリット語、あるいはその俗語形のアミダ（amida）という語が存在したとするのであるが、この説は学界で支持されていない。

また、アミタあるいはアミダはサンスクリット語アムリタ（amṛta 甘露）の俗語形であるという説が荻原雲来（おぎわらうんらい）博士によって唱導されたことがある。しかし、アムリタという語は言語学的にみてもアミタ、アミダという形に変化し得ないので、この説も一般に承認されていない。最近、畏友岩松浅夫（いゆういわまつあさお）氏は荻原説を修正して、アムリタあるいはその俗語形のアムリダ（amṛda）という語そのものが直接に阿弥陀と音訳されたと、言語学的に証明しようと試みた。すなわち、mṛ を「弥」で音写したと推定するのである。そして、氏によれば、「ミ」（mi）が「弥」という字で音写された実例は他にみられぬから、阿弥陀の原語はアミタ……ではないという。岩松氏の興味ある説はあくまで理論上そうなるという可能性を示しただけであるが、専門家によって十分に検討される必要があろう。

なお、阿弥陀の原語に関しては、藤田宏達『原始浄土思想の研究』第三章（岩波書店）、岩松浅夫「阿弥陀仏の原語について」（『仏教学』第4号）を参照した。

（上村勝彦）

観音

観音は観世音の略とされる。そして観世音の原語はアヴァローキテーシュヴァラ(Avalokite-svara)であるというのが通説である。しかしながら、観(世)音の原語の問題は実はそれほど簡単には片づかないのである。

アヴァローキタ(avalokita)というのは「見られた」という意味だから「観」と訳し得る。それでは「世」はどこから出てきたのか? アヴァローキタにローカ(loka「世間」の意)という語に似た音が含まれるから、「世」と訳したものであろうか? 仮にそれを認めたにしろ、「音」という訳がどうしても出てこない。アヴァローキテーシュヴァラは、「アヴァローキタ」+「イーシュヴァラ」である。イーシュヴァラ(īśvara)は「主」の意味であり、また「自在天」と訳されている。そこで玄奘三蔵(七世紀)はアヴァローキテーシュヴァラを「観自在」と訳した。従来の「観世音」という訳を改め、「観自在」こそ正しい訳語だとしたわけである。

それでは「観世音」あるいは「観音」という訳は誤訳であったのだろうか?

観音といえば、いわゆる「観音経」を思い浮かべる人も多いであろう。「観音経」は周知の通り、鳩摩羅什(くまらじゅう)の名訳『妙法蓮華経』の第二十五品(章)の「普門品」(サマンタムカ)の通称である。そこでは、アヴァローキテーシュヴァラは「観世音」、ときには偈(げ)(詩節)の部分で「観音」と訳されている。ただし、偈の部分はもともと鳩摩羅什訳にはない。玄奘はこの標準的な訳語をあえて「観自在」と変更したのである。しかし、鳩摩羅什ほどの天才がこんな初歩的な誤訳をするだろうか? 彼のサンスクリット語の読解力は疑いもなく卓越したものであった。「観世音」と訳したからには、何か理由があったはずである。一説によれば、鳩摩羅什は「観音経」の趣意をとって「観世音」と訳したのだという。確かに、「音」という語は「観音経」のキーワードである。

「一心称名　観世音菩薩　即時観其音声　皆得解脱」
「妙音観世音　梵音海潮音　勝彼世間音」

しかし、それだけで「イーシュヴァラ」という重大な原語を訳し落とすということがあるだろうか? そこで、観音の原語は果たしてアヴァローキテーシュヴァラであったか、という疑問がわいてくる。

中央アジアで発見されたサンスクリット本『法華経(ほけきょう)』の断片には、観音の原名はアヴァローキタ・スヴァラ（Avalokita-svara）とあるという。「スヴァラ」は「音」という意味であるから、こちらの原名をとれば、文字通り「観音」と訳せることになる。そこで、アヴァローキタ・スヴァラが観音の原語であると想定し得る。しかし、「観世音」と訳すには、さらに、アヴァローキタ・ローカ・スヴァラ（Avalokita-loka-svara）という原名を想定しなければならない。

アヴァローキテーシュヴァラという一般で考えられている原名にせよ、アヴァローキタ・スヴァラにせよ、文法的には男性であるから、観音は男性とみなされたわけである。しかし岩本裕(いわもとゆたか)博士は、観音は元来女性の神格であったとし、イランのアナーヒターという女神がその起源ではないかという興味深い仮説をたてられている。アナーヒターというのは水の神であり、豊穣(ほうじょう)の神であるが、それが西北インドに入り、仏教に取り入れられたのであると推測されている。この仮説は一般の学界で認められるに至っていないようではあるが、賛成するにせよ反対するにせよ、十分に検討してみる価値がある。（岩本裕『インド仏教と法華経』レグルス文庫32、一九二ページ参照）

（上村勝彦）

弥勒

弥勒菩薩は、釈尊の次に仏陀となるべき菩薩で、釈尊の没後五十六億七千万年たったとき、兜率天からこの世に下生して仏陀になるといわれる未来仏である。弥勒の原語はサンスクリット語マイトレーヤ（maitreya）、あるいはその俗語形（例えば、パーリ語 Mettey［y］a）で、迷麗耶、梅怛麗耶などとも音訳される。マイトレーヤは「情深い」という意味であるから、「慈氏」と漢訳される。

釈尊の死後は、マイトレーヤのみが仏陀となり得るのであるから、その出現はあたかもメシアのように待望された。ところで、マイトレーヤという名は、すでに初期仏典の中に現れている。

初期仏典の『スッタニパータ』の中でも古層に属する「パーラーヤナ」章の中に、バーヴァリンというバラモンの弟子の一人として、ティッサ・メッテーヤという人物が登場する。メッテーヤ（あるいは、メッテッヤ）は、マイトレーヤのパーリ語形である。彼は同学のアジタなどの十六名の学生とともに、師の使いとして釈尊のもとに行く。

マイトレーヤは、ある資料によれば北インドの出身で、また他の資料によれば、南インドの出身であるともいわれた。

やがて、マイトレーヤが将来仏陀となることを釈尊が予言したという伝説が確立した。最初の段階においては、この未来仏は「パーラーヤナ」章のティッサ・メッテーヤと関係づけられていなかった。

将来、人間の寿命が八万歳になるとき、ケートゥマティー(未来のベナレス)の都を治めるシャンカ王の司祭の息子としてマイトレーヤが生まれる。彼はバラモン教に満足できず、森に隠棲し最高の知を得て正等覚者となる。仏陀となったマイトレーヤは、シャンカ王をはじめとする人びとをともなって、ラージャグリハ(王舎城)近くのグルパーダカ山(あるいはクックタパーダ 雞足山)に入る。すると山が開き、カーシュヤパ比丘(大迦葉)のがい骨が現れる。マイトレーヤはその骨を手に取り、これは無執著の行で第一人者(頭陀第一)であった仏弟子のカーシュヤパであると説明する。聴衆は驚嘆してみな阿羅漢となる。

以上がマイトレーヤに関する古い予言を扱った諸仏典の梗概である。さらに、釈尊と同時代に実在したマイトレーヤ(ティッサ・メッテーヤ)と未来仏のマイトレーヤを結びつける文献も現れた。釈尊は集会に出席したマイトレーヤが次の仏陀となることを予言し、彼に金色の衣を渡す。そして、同門のアジタはシャンカ王となるであろうとも予言する。

『賢愚経(けんぐきょう)』(五世紀頃)に含まれる物語(『大正大蔵経』四巻四三二〜四三六ページ)は、「パーラーヤナ」章をはじめとする種々の伝説を寄せ集めたものである。

ところが、やがてマイトレーヤとアジタとを同一視するようになった。つまり、アジタは個人の名であり、マイトレーヤは家族の名とみなされたのである。『阿弥陀経』や『法華経』などの大乗経典において、仏陀は弥勒菩薩に向かって「アジタ」と呼びかけている。

マイトレーヤの名は、ヒンズー教文献の中でも偉大な聖者として知られている。彼はヴィシュヌ神、ブラフマー神の末裔(まつえい)であるといわれ、特に大叙事詩マハーバーラタの中である程度の活躍をする。しかし、未来仏マイトレーヤと直接関係はなさそうである。

(上村勝彦)

薬師

薬師を「くすし」と読めば医者のことである。東方浄瑠璃世界の教主薬師瑠璃光如来、つまり薬師如来の原語はバイシャジャ・グル（Bhaisajyaguru）であるが、このバイシャジヤは、「……を癒す」とかまた名詞として「癒すもの」「医者」を意味する語（bhisaj）に由来するもので、抽象的に「治療する能力」であるとか、あるいは、病気治療のための特定の呪法の名、あるいは、「治療法」「医薬」の意味である。グルは、尊師とか、首長の意味であるから、薬師如来なのであり、別名医王如来という。古典文学で人の死亡の状況を描くときに、しばしば「医王善逝の誓いむなしく」とか、「医王の本誓むなしく」とかの句が出てくるのが、それである。

生病老死を四苦というが、医学の発達した今日でさえ、病気は人生の最大の苦しみの一つ、まして、昔の人びとにとっては、たいていの病気は死に至る病であったろう。治療法も未発達で衛生状態も劣悪、栄養も十分でないとなれば、残る途は医療の仏たる薬師如来の本誓にすがる他はない。古代において、薬師如来の信仰が盛んであったのも当然である。

さて、薬師如来は過去時に誓願を立て、菩薩行にはげんで、その結果さとりを開いて仏となった、いわゆる報身の仏（saṃbhoga-kāya 受用身、過去の善業の結果を享受している仏）であるから、彼がさとりをひらいたいま、彼が菩薩であったときに立てた誓いは現在実現しつつあるはずである。

彼は十二の願い（十二大願）を立てたのであるが、それは、一相好具足、二光明照被、三所求満足、四安立大乗、五持戒清浄、六諸根完具、七除病安楽、八転女成男、九去邪趣正、十息災離苦、十一飢渇飽満、十二荘具豊満である。

これらのうち、特に医療に関係あるのは第六と第七である。『薬師如来本願経』（隋代、達摩笈多訳、大正十四巻）によると、第六大願は、次のごとくである。

「六に我れ来世に菩提を得ん時、諸根不具聾盲跛躄白癩顚狂乃至種々の身病ある者、我が名を聞かば皆諸根具足し、身分成満することを得ん。」

生まれつき障害のある人や不治の遺伝病、精神病の人を治してやろう、という誓いである。第七は、

「七に我れ来世に菩提を得ん時、諸患逼切して護なく依なく、一切の資生医薬を遠離する者、我が名を聞かば衆患悉く除かん。」

で、これは、通常の病にかかったのに、何らかの理由で治療を受けられない人びとの病を癒してやろう、という誓いである。そして、医療以前の問題として、第十願では権力に圧迫されて苦しんでいる者を救い、第十一願では、飢えに迫られて仕方なく悪事を働く人に食を供し、第十二に、貧しくて衣服なき人に衣服その他を給してやろう、と誓っている。現代流にいえば、まさに薬師如来よりも福祉如来である。

現今、新聞を開くと、毎日のように医療の荒廃とか、医大不正入試などの記事が目に入ってくる。これは、神とか仏とか、人間を超越した価値基準を見失ってしまった現代の日本において当然の帰結のように思われる。医者だって人間だ、週一度休みをとって、ゴルフをしてどこが悪い。医療だって経済原則をふみ外すわけにはいかない。一定時間の労働に対し一定規準以上の料金を要求してどこが悪い、ということになる。

これは聞いた話だから真偽は不明だが、今でも日本医師会の大会では会場に医聖ヒポクラテスの胸像がかざられるのだそうである。また、小アジア海岸に近いドデカネサス群島のコス島には、いまでも、昔ヒポクラテスの徒が一人前の医師になるときに、その下で医神アポローン、アスクレーピオスをはじめ、一切の神々に誓いを立てた、大きなすずかけの木が残っているのだそうである。彼らの誓いは「ヒポクラテスの誓い」とか「アスクレピアーデンの誓い」とかいわれて、有名であるが、その中には、

例えば、

「致死薬は誰にたのまれても決して投与せず、またその投与の助言をしない」
「膀胱結石患者には截石術を行わず、それはそれを業務とする人にまかせる」
「医療目的以外に患者の家に行かず」
「自由民と奴隷であるとを問わず、患者と性的関係は結ばず」
「患者の秘密は他にもらさず」

等々、今日でも医者の職業倫理として生きているものがあり興味深い。

当時のコス派医師会たるアスクレピアーデンの人びとはこの誓いを神々に対して立てたわけであるから、必ずそれを守ったはずである。そして、その報酬は名声であった。しかし、日本の医師で、今どきギリシアの神に誓いを立てている人はいないであろう。彼らが医者としての倫理規準を守るか否かは、彼ら自身の自由意志にかかっているのである。破ったところで、まさかアポローンに罰せられるわけでもないであろう。

しかし、今日、素直な眼で周囲をながめると、この世は、病も無限にある代わりに、それを癒そうとする力も常に働いていることに、直ちに気づくのである。離島や山間の僻地(へきち)、あるいは大都会の裏町で、黙々と医療に専念する医師や看護師、劣悪な学問環境の中で、貧しさに耐えて基礎研究に没頭する医学者は無数にいるし、たとえそれほど殊勝でなくても、すべての医療関係者は、程度の差こそあれ結果的に医療に貢献しているわけである。まことに薬師如来の本願は現代に脈々と生きているのである。薬師の本誓とヒポクラテスの誓いを比較すると、前者は包括的、巨視的、後者は具体的、実践的でまことに好対照であるが、医者の心がまえとしては、この両方を併せもてば理想的であろう。医師会も、ヒポクラテスの胸像と並べて薬師如来の像でもかざり、我は薬師如来の使いなりとの自覚を新たにすれば、新聞などでたたかれることがなくなることうけあいである。

（津田真一）

極楽（ごくらく）

極楽は安養（あんにょう）、安楽（国）、蓮華蔵世界、密厳国などと呼ばれることもあるが、いうまでもなく、西方、十万億（あるいは百万億）の仏国土を過ぎたかなたにある阿弥陀仏の浄土である。後世、わが国では極楽浄土と呼ばれるようになり、浄土というと極楽を指すと一般に考えられるに至った。

極楽の原語はサンスクリット語スカーヴァティー（Sukhāvatī）である。スカーヴァティーは「幸あるところ」という意味である。「安養」、「安楽」という漢訳はスカーヴァティーの訳語として直接的であるが、「極楽」という訳語はスカーヴァティーの訳としては不適当ではないかという疑問が出され、極楽の原語を他に求めようと試みられたことがあったが、「極楽」という語はもともと中国に存在し、それをスカーヴァティーの訳語に当てたものであろう。

ところで、極楽とはどのような世界なのであろうか？　極楽の情景は特に『無量寿経』、『阿弥陀経』などの浄土経典において克明に描写されている。諸経典の記述は必ずしも一致しないが、ここでは『阿弥陀経』のサンスクリット本に従って、極楽とはいかなる世界であるか見ることにする。『浄土三部経』（岩波文庫）の下巻に収められた和訳を参照したことをおことわりしておく。

極楽世界（スカーヴァティー）は、われわれの世界から西方に百万億の仏国土を過ぎたところにある。そこでは無量寿仏（阿弥陀仏）が住んでいて法を説いている。その世界に住む者は決して苦しむことなく、ただ無量の幸福だけが存する。それ故、その世界はスカーヴァティー（幸あるところ）と呼ばれるのである。その世界は七重の欄楯（石垣）と七重のターラ樹の並木と鈴をつけた網によって飾られ、金、銀、瑠璃、水晶の四宝をあまねくめぐらし、燦然ときらめいている。また、そこには、金、銀、瑠璃、水晶、珊瑚、碼碯、琥珀という七宝からできた蓮池があり、八功徳水が充満している。その蓮池の周囲に四宝でできた四つの階段がある。またその池の周囲には七宝からなる宝樹が生い繁っている。そして、その池の中には車輪ほどの大きさの青蓮華、黄蓮華、紅蓮華、白蓮華、および雑色の蓮華が色とりどりに咲きほこっている。そしてまたその仏国土では、常に天上の楽器が奏でられている。大地は黄金色で心地よい。そして昼夜に三度ずつ、マンダーラヴァの花の雨が降る。またその仏国土には、鵞鳥、帝釈鴫、孔雀などがいて、昼夜三度ずつ集まってさえずり法音を出す。するとそれを聞く人びとは仏と法と僧団を念ずる思いを起こす。その世界には地獄の名もなく、畜生の名もなく、ヤマ（死神）の世界という名もないが、その鳥たちは無量寿如来によって化作されたものであるので法音を発するのである。またその仏国土では前述のターラ樹の並木や鈴をつけた網が風に吹き動かされて快い音を出す。そしてそこに住む人びとは、また仏と法と僧団を念ずる心を起こす。

以上が『阿弥陀経』に説かれた極楽の情景である。『無量寿経』などではさらに詳細に描写されているが、ここでは紙面の増大を恐れてこのへんでやめておく。

それでは、このような極楽の観念はどこからきたものであろうか？　西欧の学者の中には、阿弥陀仏（アミターバ）の起源をペルシアの太陽神に求める説があり、したがって極楽もゾロアスター教起源であるとする考え方もあるが、必ずしも学問的に根拠のある説ではない。また、近年、岩本裕博士は「エデンの園」に極楽の起源を求め、極楽は西方における大沙漠のかなたにあるオアシスを宗教的に昇華せしめたものであるとするユニークな説を出された。この説はいまだ一般に学界で承認されてはいないが、ロマンにあふれた興味ある説で、今後十分に検討される必要がある。他方、ヒンズー教や仏教の文献に、極楽の観念と相通ずる種々の記述が見られることから、極楽の起源をインドの内部、あるいは仏教の内部に求める説もあり、こちらの方がより一

般的で有力である。（藤田宏達『原始浄土思想の研究』第五章、岩波書店を参照した）

（上村勝彦）

往生（おうじょう）

「どうもこうも、こんどの仕事には往生したョ」とか、「かれの往生際の悪さといったらありゃしない」とか、そのほかいろいろと日頃使用される往生の語は、もと仏教語であった。特に浄土教で用いられる専門語である。いまの二例は現在多用される意味の往生で、前者は困りはてて、処理できなくなったという意味のものであり、人間一人の力ではどうにも処理できなくて、結局は阿弥陀仏の力にすがり、救って（往生させて）もらわなければならなくなったという教理的な解釈が考えられる。この往生の意味がいうなれば本来的意味である。

往生際の悪さというのは、行きづまり、やむをえず断念する間際のふん切りの悪さをいっているが、これは往生に「死ぬ」の意味があるところから、この方の往生である。

往生はもともと、輪廻流転（りんねるてん）を意味した。煩悩（ぼんのう）に満ちた苦悩の海、人間界に再生することも往生の意味であった。人間界以外の世界、例えば地獄や畜生や天上など処々に流転し生まれ変わることも往生の意味であった。端的にいえば、六道（地獄・餓鬼・畜生・修羅・人間・天上）に流転し再生することが往生のもとの意味であった。これが浄土思想において、特に仏の名号を唱えて、もっぱら仏を念じるならば、その功徳によって、この苦しみの六道世界から横ざまに飛んで、阿弥陀仏の住んでいるとされる極楽浄土に導かれ生まれるという、極楽往生の意味に用いられるようになった。

極楽往生を目的とするのは浄土教であるが、ほかの大乗仏教でもさとりを開くための手段として、これを説くものもある。

往生の方法にはいろいろとあり、仏の名号を唱えて往生する念仏往生とか、念仏以外の善い行為をなして往生する諸行往生とか、念仏のたすけとして、諸行を修めて往生する助念仏往生とか、仏の名号を聞いて往生する聞名念仏とかがある。

また源空の説によると、正しく極楽浄土を念じつつ往生する場合のもの（正念往生）、苦に逼られて狂いつつ念仏して往生する場合のもの（狂乱往生）、平生の心で信仰しつつ、おのずから往生する場合のもの（無記往生）、そして心に仏を念ずるだけで往生する場合のもの（意念往生）などがある。（『西方指南鈔』巻下参照）

いま紹介したような往生は西方極楽浄土への往生であるが、このほかに阿弥陀仏以外の諸仏が住んでいる浄土に生まれるという十方往生がある。十方というのは東西南北四維上下をいい、この方角に各々仏が在住し、浄土があるとする。この中には西方極楽浄土が含まれ、ここに阿弥陀仏が在住している。十方の中で代表的なものとして、東には阿閦(あしゅく)仏（不動(ふどう)仏）浄土があり、南には宝生(ほうしょう)仏（宝をあるいは宝より生ずる仏）浄土があり、西には阿弥陀仏（無量の光をもつ仏）浄土があり、北には不空成就(ふくうじょうじゅ)仏（必ずことを成就する仏）浄土がある。これらを含め、十方の浄土に生まれ往くことも往生という。

（田上太秀）

彼岸（ひがん）

彼岸といえば、一般には春分、秋分の日を中日として、その前後七日間を指し、寺院に参詣（さんけい）し、家族連れで墓参りをする期間とか、またお坊さんたちが寺院において、読経して供養してくれる期間とも考えられている。この期間は、忘れていた先祖供養を思い出させてくれるときでもある。テレビでは寺院の供養の中継が行われ、読経の声が流れ、それを視聴して仏壇の前に坐（すわ）って合掌している家族もあるだろう。

「お彼岸」という呼び方で一般化しているお彼岸の供養の習俗は日本特有のもので、インドや中国では行われなかった。聖徳太子（しょうとくたいし）の頃にその起源があるともいわれる。これが春秋の二季に行われるのは、法要の中日に、太陽が真東に昇り真西に沈むところから、太陽の沈む場所が西方十万億土の極楽浄土を念想し、極楽往生を願って行われたものと考えられている。この起源は太陽崇拝と関連があるのではないかという説もある。

彼岸とは向こう岸ということで、此岸（しがん）に対する。彼岸は浄土教的にいえば、極楽浄土で、此岸は娑婆国土、すなわち人間界を指す。此岸から彼岸に往生したいという願いから、お彼岸の習俗は生まれている。

彼岸の原語は、パーラミター（pāramitā）といい、これらの音写語が「波羅蜜」「波羅蜜多」である。般若波羅蜜多の波羅蜜多がそうで、一般には波羅蜜と略用している。パーラミターはパラマ（parama 最高）から派生した語で、現代学者は「完成・完全」と訳している。かつて中国の偉大な翻訳者鳩摩羅什は「彼岸に到達した」と理解し、「到彼岸」「度」と訳した。さとりの岸に到る、度るという意味である。得度の度はパーラミターのことである。

パーラミター、つまり到彼岸とは完成・完全ということであるが、完成・完全の語意だけを考えると、これ以上のものはない、つけ加えるものがない、終了したという解釈ができる。終止、静止、死などの意味も考えられるようだが、実はパーラミターの語は、このような意味に解釈すべきものではない。完成・完全を目的としない完成であり完全であり、これが完成、これが完全というような実体視、固定視すべきものはなく、すべてにとらわれのない立場で実践されるところの、限りない完成・完全がパーラミターの意味である。

周知の六波羅蜜というのは、布施、持戒、忍辱、精進、禅定、智慧の完成・完全

（到彼岸）のことである。六種の完成・完全とは、それぞれの徳目における自性、果報、功徳、目的その他一切のものに、とらわれたはからいがなく、空の直観によって行われる実践そのものをいう。完成・完全のない完成であり完全である。
彼岸の同義語には、涅槃、無為、無漏、真諦、微妙、寂静、甘露、安穏、解脱、無住などがある。いずれもすべての煩悩が断尽され、生死を超出している状態をいう。すべての煩悩の火が消滅し（涅槃）、一切の所作、はからいがない（無為）、漏泄がない（無漏）、真理そのもの（真諦）、言説に尽せない不可思議（微妙）、心の煩悩の火が消え、心の喧騒がおさまり（寂静）、不死（甘露）、心安らぎ（安穏）、この苦悩の輪廻界から自由となり（解脱）、一切のものにとらわれの心がない（無住）状態になったこと、これが到彼岸であり、完成・完全であり、パーラミターである。

（田上太秀）

一蓮托生（いちれんたくしょう）

この語のよい用例として『源氏物語』鈴虫の一節を引用しよう。自らの若き日の罪をまのあたりに見せられたような、女三の宮（おんなさんのみや）と柏木（かしわぎ）の不倫、その結果としての薫（かおる）の誕生と女三の宮のあてつけがましい出家、柏木の悶死（もんし）という、源氏（げんじ）晩年の悲劇も時の経過とともに終幕に近づき、今日は女三の宮の念持仏の開眼（かいげん）の日である。

「かゝる方の御いとなみをも、もろともに、急がんものとは、思ひよらざりし事なり。よし『後の世にだに、かの花の中のやどりに、へだてなく』とを、おもほせ」とて、うち泣きたまひぬ。

はちす葉をおなじうてなと契（り）おきて露のわかるゝけふぞかなしき

と、御硯にさしぬらして、香染なる御扇に、書きつけ給へり。宮、

へだてなくはちすの宿をちぎりても君が心や住まじとすらん

と、かきたまへれば、

「いふかひなくも、思ほしくたすかな」と、うち笑ひながら、なほ、あはれと物を

おもほしたる御気色なり。

「この世では、ついに心が通わないうちにこのようにわかれてしまったが、せめて、来世は極楽浄土の同じ蓮の華の上に生まれて、仲よく暮らしましょう」という、源氏のせめてもの和解の申し出も、相変わらずの女三の宮の意固地な答えにあい、それを笑いにまぎらせる源氏の心の苦渋とさびしさが惻々(そくそく)と迫ってくる、すぐれた人間描写の文である。

一蓮托生の意味は、さきに源氏の言葉をパラフレイズした通りなのである。これが江戸時代の心中物などによく使われた。封建時代の社会の強いしめつけにあって人間的な愛の成就の望みを断たれた若い恋人どうしが、せめて来世はと望みをかける、まことに切実な心情のきわめて適切な表現である。「男女の文学」としての江戸文学の帰結が、この極度に情緒的美的な言葉によらなければならなかったのは当然であろう。

愛・死・往生・極楽・蓮のうてな、と並べると、現代のわれわれですら、まことに自然に、死ということのある一つの美的イメージを描くことができるのである。昔、ラジオで、ある噺家(はなしか)が、男女が心中するとき、「覚悟はよいか」、「なむあみだ……」ならいいが「覚悟はよいか」「ナンミョウホウレンゲキョウ」ではどうも落ち着かない、といって笑わせていたが、その通りである。

ところで、浄土教の専売とばかり思われた一蓮托生の根拠が、心中にはふさわしくないはずの法華宗の根本聖典『法華経』薬王品にでてくるのは意外であった。『法華経』は紀元直後ごろ北西インドで成立したとされるが、それは『無量寿経』（一―二世紀頃）とほとんど同時か、ちょっと早いかである。羅什(らじゅう)訳『妙法蓮華経』第六巻、薬王菩薩本事品第二十三に、次のような文章があるのがそれである（『大正大蔵経』十二巻五四ページ中段以下）。

「若し如来滅後の後五百歳中、若し女人有りて是経典を聞き、説の如くに修行すれば、此に於て命終して即ち安楽世界の阿弥陀仏の大菩薩衆囲繞せる住処に往きて蓮華の中の宝座の上に生ず。」

さて、極楽世界には宮殿があり、その講堂では阿弥陀如来が説法しているわけであるが、その宮殿の前に七宝でできた池があって、清くすずしい水（八功徳水）が満ちており、水面には種々の蓮の華が咲いている。われわれは一蓮托生というと、この蓮の華の上に生まれることと理解しているわけである。確かに四世紀末の『観無量寿経』ではそうなっている。ところで肝心の『無量寿経』では、確かに、一心に無量寿仏を念じたものは命終の後、無量寿国に往生して「七宝華中」生まれるのであるが、この「七宝華」がどうも（私の思いちがいでないなら）池の蓮華とは思えないのである。

『阿弥陀経』では池の中の蓮華は、大きさが車輪のごとし、とされるが、いくら大きくても、車輪ほどでは、二人がその上にいっしょに生まれるにはちょっと狭いようである。

同じ『阿弥陀経』に極楽世界の人びとは皆、阿鞞跋致（avaivartika 不退転）を得ており、その中で一生補処、すなわち、仏になる直前の人すら無数にいるのであるが、人が発願してこの国に生まれるべきであるのは、これらのすぐれた人びとと倶に一処に会す（倶会一処）ことができるからである、とする。これでみても、池の中の蓮の上ではないようである。

『観無量寿経』では、池の中の「七宝蓮華」は直径十二由旬（一由旬は、一説では約七キロメートル）であるので、これなら生を托すに十分である。ただし『無量寿経』に説かれる法蔵菩薩の四十八願のうちの第三十五が変成男子願といわれるものである以上、極楽世界に生まれるときは必ず男性になって生まれるから、愛する女性と一つの蓮華の上に生まれたにしても、多少不都合が起こるかもしれない。

現代では、テレビの捕物帳などで、悪人どうしが仲間割れして「こうなりゃ一蓮托生、恐れながらと奉行所に訴え出て、手前らの悪事を何もかもばらしてやる」などという通り、むしろ悪い方に向かって、だれかと運命を共にする、というふうに使うようである。ただしこの場合は、蓮の華の上に生まれる前に、小塚原(こづかっぱら)かどこかの三尺高い獄門台の上に仲よく並ぶ、ということになる。

（津田真一）

V　真言密教

真言密教はインド仏教の最後の時期に現れ出た仏教である。そこにはヒンズー教の民間信仰が大規模に取り入れられている。原始仏教教団においては、世俗の呪術密法を行うことを厳禁したが、大乗仏教では部分的にそれを取り入れ、大乗経典の中には多数の陀羅尼（呪句）が説かれている。四世紀頃からは、呪法だけを説く独立の経典が作成されるようになった。この呪句を〈真言〉（マントラ）という（「マントラ」とは、もとはバラモン教のほうでヴェーダの祭儀に用いられた呪句のことである）。真言陀羅尼を誦持し、それによって心を統一し、諸尊を供養することが強調されるとともに儀式が発展した。

密教においては根本の仏を大日如来（大毘盧遮那仏）と呼ぶ（「毘盧遮那」とはサンスクリット語のヴァイローチャナの音写で、輝くもの、太陽を意味する。ここでは太陽に譬えられる根本の仏のことをいう）。仏教の従来の諸の教えは歴史的人物としての釈尊の説いたものであるが、密教は万有の根本原理である大日如来が直接に説いたものである。それは一般凡夫のあずからぬものであり、特別の資格のある人びとに対してのみ説かれる秘密の教えであるというので、〈密教〉と称する。このなかまは秘密の教団であることを標榜し、閉鎖的であり、特有の複雑な儀礼を発達させた。人は師（阿闍梨(あじゃり)）について教えを受けねばならない。秘儀に与(あず)かる儀式を〈灌頂(かんじょう)〉という。これは、バラモン教で、頭の頂きに水をそそぐ儀式を真言密教が仏教のうちに取り入れたものである。

真言密教の信仰・儀礼はわが国では一般民衆のうちにあまねく浸透している。

（中村　元）

即身成仏

即身成仏、いうまでもなく真言密教の中心教義である。古来真言宗の学者が他宗に対して自らの優越を主張するときは、必ず、自らは即身成仏の理論と方法論をもっているが、他宗は三劫成仏にとどまっているとする。三劫成仏とは、人間が菩提心を起こして修行しても、成仏するまでに三大阿僧祇劫かかるとする考えである。

一劫とは、いろいろ喩えもあるが、縦横高さが四十里の岩山があって、その上に百年に一度天女が舞い降り、天衣で一度その岩上をかすって昇っていく、そうしてその岩山がすり減らされてなくなってしまっても一劫は尽きない、とするのである。これが数えきれない（阿僧祇）ほど集まって一阿僧祇劫をなし、それが三つで三劫成仏である。

それに対し、即身成仏の原語は不明であるが、『初会金剛頂経』の梵文テキストの校訂者堀内寛仁教授は、イハ　エーヴァ　ジャンマニ（ihaiva janmani まさにこの生において）という語がそれに相当する、といっておられる。今現在生きているこの身のままに成仏できるという、これが本当なら大革命であろう。弘法大師の密教に接した当時の学者たちがびっくりしたのも当然である。

弘法大師には、清涼宗論という伝説がある。嵯峨天皇の弘仁四年（八一三）正月、内裏清涼殿で『金光明最勝王経』講讃のあと、八宗の学者が論議をしたが、このとき弘法大師は彼らの疑義に対し、智拳印を結び真言を唱えると、その身がたちまち金色の毘盧遮那となり、眉間に白毫相の光を放ったので、帝はじめ百官や各宗の学者は地にひれ伏して礼拝した、というものである。この伝説を現代の学者は後代の捏造と考えるが、佐和隆研氏のごとく（『空海の軌跡』一五六ページ）合理的に解釈して、あり得ることとする人もいる。

すなわち、修行を積んだ人は、禅定に入ると、常人を超えた美しく気品にみちた宗教的雰囲気をみなぎらせるものであるが、空海は瑜伽の達人であるから、彼が智拳印を結んだ姿にまずは驚き、その崇高さに圧倒されて即身成仏の意味をさとらされたのであろうという。

成仏とは、われわれ自身が毘盧遮那（大日如来）になることであろう。それなら、過去に真言宗の坊さんでだれか大日如来になった人がいるか、と聞かれれば、だれでもちょっと考えこんでしまう。近代仏教学の最高権威者宇井伯寿博士も「即身成仏に実例が挙げられぬ」(『仏教汎論』七九二ページ)といっておられる。私は、毘盧遮那になるということを、曼荼羅の中心としての毘盧遮那になることと、曼荼羅全体としての毘盧遮那(法身毘盧遮那、『金剛頂経』ではこれを大毘盧遮那という)に冥合することとの二つに分けて考えれば、理解しやすいと思う。「実例があげられぬ」のは前者の場合であり、後者は、実例があげられぬどころか、梵我一如を主張するウパニシャッドの宗教をその典型として、おそらく、ヨーガを実修するインド宗教は、すべてその宗教理想実現のパターンをこの第二のタイプの即身成仏と同じくしているのではないだろうか。

「六大無礙にして常に瑜伽なり、
　四種曼荼各々離れず、
　三密加持すれば速疾に顕わる、
　重々帝網なるを即身と名づく。」

弘法大師の『即身成仏義』の冒頭、即身成仏の頌の前半である。これを現代人が理屈で考えて納得できる程度にパラフレイズすることは不可能ではない。また、古来、理具成仏、加持成仏、顕得成仏の三種即身成仏といってきわめて明快な即身成仏理解もある。しかし、私自身、頭だけの理解では、いかにも心もとなく感じていたものである。

それが先年、インド旅行中、ネパール国境のとある町で、大木の下に坐っている行者の姿を見て、ふと前述の即身成仏頌を連想したことがある。まさに、地水火風空という宇宙の構成元素（五大・五輪）を理屈なしに感得できるようなインドの大地と太陽の下、塵にまみれ、全裸でゴミ溜めのかたわらに、それ自身一個の芥のごとくに坐っているヨーガ行者の精神性など、私にはうかがい知る由もないが、とにかく、次のような文句が私の脳裏に浮かんだのである。

「地はアートマンである（おれはこの全宇宙に遍満する地だ）、
水はアートマンである（おれはこの全宇宙に遍満する水だ）、
火はアートマンである（おれはこの全宇宙に遍満する火だ）、
風はアートマンである（おれはこの全宇宙に遍満する風だ）、
空はアートマンである（おれはこの全宇宙に遍満する空だ）。」

私は、『シャタパタ・ブラーフマナ』（一〇・六・一）の「万人に普遍せる火（agniḥ vaiśvānaraḥ）」や、それを承けた『チャーンドーギャ・ウパニシャッド』（五・一一）の「万人に普遍する我（ātmā vaiśvānaraḥ）」の思想を、さきの即身成仏頌を解くカギの一つであると考えている。

（津田真一）

金剛（こんごう）

かつて大相撲に金剛という力士がいた。また金剛というテレビ製品があった。読者はこれら金剛の語にどんな意味があると思われるだろうか。一体、金剛にはどんな意味があるだろうか。

金剛の原語は、サンスクリット語のヴァジュラ（vajra）で、金属の中で最も剛（かた）いものという意味である。これは古くは武器の材料に用いられた。

ふつう、仏典の中に出てくる金剛の語は、金剛石の略語とされ、鉱物中で硬度10という最も硬い石とされている。そこで、金剛石をダイヤモンドといい換えてもいる。仏典に『金剛般若波羅蜜経』（Vajracchedikāsūtra）という有名な経典がある。この経名の金剛（vajra）をマクスミューラーという学者はダイヤモンドと訳して、『ダイヤモンド・スートラ』（Diamond Sūtra）とした。

しかし厳密にいうと、原語のヴァジュラ（vajra）には、このような物質的意味で理解できない内容が含まれており、他の仏典の用例を見ても、物質としてのヴァジュラでは用いられていないようである。原語のヴァジュラには雷電とか落雷とかの意味が本来ある。神秘的な稲妻のことを指しているようでもある。そこでコンゼという学者は、さきの経典名を「落雷のように切断する完全なる智慧の経典」、あるいは「雷電を遮断する完全なる智慧の経典」という意味のものと考えた。

右のような意味から考え、ヴァジュラという譬喩には「切る」という隠喩があると考え、それは教理的には般若波羅蜜、すなわち完全なる智慧の働きだとした。文殊菩薩像を見ると、刀剣を持っている。その刀剣は一切を切断する智慧を表すものとされ、それは金剛に通ずるというわけである。ある文献の定義では、智慧(パンニャーpaññā)は、刀剣と説明されている。文殊菩薩が智慧の当体であることを、この刀剣で表現しているのは、右の説明からしておわかりと思う。

このように金剛には剛いという隠喩がもとにあり、さらには雷電・落雷の神秘的意味が考えられ、そこから「切る」という隠喩をもって一切の煩悩を切断し尽す智慧という意味にまで発展して用いられている。

金剛力士という力士が仏典によく出てくる。この力士の容姿は寺の山門の両脇に立っている仁王像を見ればわかる。かれらは腰の部分に衣をまとっているだけで、半裸の勇猛な容相を示している。手には、特に密教で外道の悪魔を破砕する武器とされる金剛杵（しょ）を持っている。この金剛杵を持った金剛力士の金剛は堅固勇猛で切断破砕を意味するものであることがわかる。

密教の宇宙観として宇宙のすべては大日如来の功徳の表れであるという。その表れ方に二方面があるといい、金剛界と胎蔵界がそれである。前者は大日如来の智慧の表れた面とし、後者は本来存在する永遠のさとりの本質、つまり理性の表れた面としている。ここでの金剛は智慧を表している。

このように金剛の一語の意味の一端を見ただけでもいろいろな意味があることに気づく。冒頭に書いた金剛の用例はみな、これらの意味のすべてにあやかっているものであろう。

（田上太秀）

如実知自心（にょじっちじしん）

「汝（なんじ）自身を知れ」

いわずと知れたデルポイの神殿の玄関の柱に刻まれていたという箴言（しんげん）である。本来は「身の程を心得よ」程度の軽い意味であったというが、それがソクラテスによってどのように深化されたか、というような難しい問題は専門家にまかせるとして、われわれは『大日経』住心品（ぼん）に見出（みいだ）される同じような言葉「如実知自心」について、その意味するところを考えることにしよう。

すでに法身毘盧遮那（びるしゃな）が、すべての生きとし生けるものに普遍する絶対精神であることは述べた（「菩提心」の項）。そして、その常に活動しつづける一切智智の運動の出発点でもあり、その質料を形成するものでもあるのが菩提心（ぼだいしん）であることも述べた。一切智智の「因こそは菩提心である」のである。菩提心は菩提を求める心であるが、その菩提とは何か、というなら、それが「如実に自心を知ること」なのである。自心、すなわち自分の心を正しく知ることができれば、人は菩提を得る。では、自分の心とは何なのであろうか。

『大日経』住心品の人間観を私は「百六十心の人間観」と呼ぶことにしている。住心とは、文脈の上からみて、「百六十心」なのである。経の中ではこれら百六十心のうちの六十心だけを列挙して一つ一つ説明するが、それは「貪心（とんじん）」「無貪心」「瞋心（しんじん）」以下の六十心である。その中の「商人心」に関しては、その項で述べた。これら百六十心は、人間の現実の心を観察して、ある一定の条件下では、心が一定の動き方をするのを認識して、取り出して列挙したもので、心という不可知なものを、それが対象に向かって働きかけているときのその働き、活動の形式という点で抽象したものである。われわれの現在の刹那（せつな）の心は、これらの百六十の異なった心の動きの単位の集積としてとらえられる。註釈者（ちゆうしやくしや）ブッダグフヤの使用したテキストでは、この百六十心を「心相続」といっていたことが知られるのであるが、この百六十心の一つ一つ、例えば「貪心」なら「貪心」は相続として存在しているのである。相続とは、間断のない連続という意味で、それは例えば、ローソクの火は、一つのものとしてじっと燃えているように見えるが、実は火それ自体は一刹那に燃え尽きて滅し、その直後に別の火が燃えて、それが絶えまなく連続するから、一つの火として継続しているように見え、それと同様に、われわれの現在起こっている限りの「貪心」なら「貪心」も、刹那刹那に生じては滅し、生じては滅して、その流れが継続しているわけである。その流れは、菩提心を発したときを出発点にして、菩提を得たときまで継続する。自己の心を形成する「貪心」とは、現在一刹那の、いってみれば一単位の貪心ではなく、全過程の「貪心」なのである。自己の心とは、全部で百六十の心単位の、初発心から菩提を得るまでの全集積なのである。

次に、「自心」の模型を考えてみることにする。

まず、一本の長い極細の電線を空中につり下げる。その上端は毘盧遮那であり、下端は「私は菩提を求めよう」と発心（ほっしん）したときの私たちの心を示す。そこに発光ダイオードのような極小の発光体を一つずつ、ちょうど子どもが絹糸にビーズ玉を通していくように、一つ一つつないで発光ダイオードの糸を作るわけである。

これが一本できあがったら、ちょっと試してみよう。まず電灯を消す。すると室内は真暗で何も見えない。さて、われわれは菩提心を発したとする。すると、この糸につながれた一番下のダイオードに電流が流れ、それが発光するのである。その光はきわめて弱く、周囲の闇とほとんど区別がつかない。しかし、電子顕微鏡のような観測装置を使って、じっと観察をつづけていると、この光点は一刹那ごとにまばたきしながら、徐々に上に移動しているのがわかる。そして上方に移動するにしたがって発光ダイオードの明るさが少しずつ増し、やがて最上点に到達すると、いままで蓄積してきたエネルギーを爆発させるかのように、一瞬閃光を放ってその室全体を照らす。

われわれの心、自心とは、この発光ダイオードの糸を百六十本集積したものに喩えられる。それぞれの糸を形成する発光ダイオードの色は違えてあるから、暗室の中で、自分の現在の心を見ると、それは、百六十のそれぞれ違った色をした光点の集合体として、キラキラ輝いているはずである。不思議なことにわれわれの現在の心は、この点滅しつづける百六十の発光体であると同時にその発光体を観察するもの、その発光体の一つ一つについている極小のスイッチを入れたり切ったりすることができるものなのである。ただしそのスイッチを入れることは、われわれがわれわれの個々の心を現実の対象にぶつけてみることによってなされる。「如実に自心を知る」とは、自分で自分の心である百六十色のダイオードをそのすべての段階においてスイッチオンすることである。それは結局、初発心より菩提を得るに至るまでの全段階の心を、余すことなく生き尽すことに他ならない。とび越しは許されない。われわれが自ら現実の対象にぶつかり、それに働きかけている状態は、発光ダイオードの光点が徐々に上方に移動しつつ、エネルギーを蓄積している過程に他ならない。われわれは、仏教の言葉を使うなら、福徳と智慧の二資糧を積集しつつあるのである。その過程でとび越しをするなら、エネルギーを一気に解放するとき、すなわち、毘盧遮那となって神変を衆生の上に加持するとき、そのとび越した分だけ欠落が生じ、その部分に対応する衆生を済度できないことになるからである。

『大日経』では、この過程を完成した菩薩を「百千万億無量劫に福徳と智慧の無量の資糧を積集せる者」とするが、この無限の時間の経過の間、彼は無数の人に生まれ変わり無数の人生を経験したはずである。われわれも、われわれの現在与えられている人生を、この永遠の道程において通過せねばならない必須の過程の一つとして、完全に生き抜かねばならない。その人生の過程において、自己の終局の目的（究竟）が全人類の救済（方便）であることを見失うことなく、毘盧遮那から自分の上に絶えず注ぎかけられる慈悲の光を自己のものとして受けとめて、それにもとづく、他人に対する利他の働きかけを片時も怠ることなく、そして自己を絶えず冷静に観察し、絶えまない自己否定によって自己の向上に努める、というこれら「三句」を自己存続の条件として、無限に生きつづけよ、と『大日経』はわれわれに要求しつづけるのである。

何かの本で読んだのだが、胎児性水俣病の患者の家族の人々は、彼らを仏の子であると認識しているそうである。その患者たち自身にはその自覚があるか否かは不明であるが、彼らが自らのその生を生き抜くことは、彼らの責任として彼らに課せられているのであり、また生きつづけることは、その過程にありながら、彼らは毘盧遮那の慈悲の権化として、実ははかりしれない衆生利益の働きを果たしつつあることになるのである。まさに彼らが仏の子でなくて何であろうか。そして、その患者たちを他人の想像も及ばない苦悩の果てに、仏の子であると認識するに至った家族の人びとの心ほど深刻なものがあるであろうか。

如実知自心、自らの心を如実に知れ、とは全歴史をその双肩に担いつつある者としての現在の自己の、全世界的な存在理由を自覚することに他ならないであろう。

（津田真一）

金剛界・胎蔵界

「密教には二つの体系がある。精神原理を説く金剛頂経系の密教と、物質原理を説く大日経系のそれだが、……（後略）」

これは司馬遼太郎氏のベストセラー『空海の風景』上巻の一節であるが、現今では一般の読書界にも密教の最も重要な語が用いられることがある、という点で興味深い。司馬氏のいわれる「精神原理」とは、密教家のいう「智」、「物質原理」とは「理」のはずであり、古来、金剛界は智の方面を表し、胎蔵界は理の方面を表すとされる。これは恵果阿闍梨の説を弘法大師が筆録したものとされる『秘蔵記』に、

「胎蔵とは理なり、金剛とは智なり、界とは身なり。」

とあるのに根拠をもつものであろう。

金剛界という語は、根本聖典『初会金剛頂経』の説く曼荼羅、すなわち世界図が「金剛界曼荼羅」（Vajradhātumaṇḍala）であるから、その原語がヴァジュラ・ダートゥ（vajra-dhātu）であるということは明白である。金剛界とは、今日の言葉でいえば、絶

対界、実在界という意味であろう。

これに対して、胎蔵界はふつうガルブハ・ダートゥ（garbha-dhātu）といわれるが、そういう言葉の直接の典拠はどうも見当たらないようである。伝統的密教家は、金剛界に対していやいや胎蔵界という語を使うことがあるものの、ふつう単に胎蔵といったり、胎蔵法といったりする。『大日経』が説く曼荼羅を「大悲胎蔵生曼荼羅」というが、最新の佐和隆研編『密教辞典』ではその原語を**Mahākaruṇāgarbhodbhava-maṇḍala**としている。すなわち「大悲という母胎より出現した曼荼羅」である。これは金剛界のように界、すなわち一つの世界の表現ではないから両者を並べて「両界曼荼羅」とするのはまちがいであるとする。確かに「胎蔵」または「胎蔵生」ではあっても胎蔵界ではない、とする意見はもっともだと思う。

しかし私は、今は界にあまりこだわらず、それぞれ『金剛頂経』の世界、『大日経』の世界、というような気楽な意味で金剛界、胎蔵界という語を自分流に説明してみようと思う。

弘法大師は、究極的実在・絶対者すなわち法身大日如来を体（質料的な面）、相（顕現としての面）、および用（働き）の三方面から考察する。すなわち、

法身大日如来｛体…六大体大（地、水、火、風、空、識）
　　　　　　　相…四曼相大（大、三、法、羯（かつ））
　　　　　　　用…三密用大（身、口、意）

である。やがて、絶対者の体をなす六大のうちの物質的方面である地水火風空の五大を理とし、これを胎蔵界に割当て、識大（宇宙に普遍する絶対的精神性）を智として金剛界に割当てて、絶対者を金胎不二、理智不二の法身とするようになったのであろうが、そのへんになると、私には理解が及ばなくなってくる。私には金剛界が智、胎蔵界が理などと簡単に割切れるようには思われないのである。

まず胎蔵界であるが、これを『大日経』具縁品に説かれる「大悲胎蔵生曼荼羅」が表現する世界、とするなら、それは、『大日経』世界の慈悲の一面を表すものである。その反面は智慧の方面であり、この二面が不二に融合しているのが『大日経』の世界であるから、そこから智の方面を差し引けば残りは理、となるなどと考えたら、それは経自体の世界とは大きく離れてくる。慈悲の発現としての胎蔵生曼荼羅の世界を見ると、それを構成する諸尊のそれぞれは、身体と精神の両面を完備した一個の存在者である。反面、智慧の方面は、この現実の世界に存在する生身のわれわれであって、これも精神と身体を有する一個の存在者である。毘盧遮那に向かって向上しつつあるわれわれ、例えばAに対しては、われわれと全く同じもので、かつ毘盧遮那がそのさとりを契機として、自己を全世界に向かって展開したその展開（これを神変という）たるA'が対応しているのであり、そのAとA'とが不一不二であるという不思議な存在形態が『大日経』の世界における人間のあり方なのであり、慈悲の面A'を差し引いたAが理であるはずもないのである。

これに対し、金剛界とは、『初会金剛頂経』で、一切義成就菩薩がさとりを開かんとするいわゆる五相成身の場面に、「虚空界全体に遍満するほどの一切の如来たちの身語心金剛界（複数）」が、一切義成就菩薩の一身中に入り、そこで彼は一切の如来たちから、「金剛界」（Vajradhātu）という灌頂名を授けられ、やがて成道して「金剛界如来」すなわち毘盧遮那になることが述べられているが、実在界たる法身毘盧遮那すなわち「金剛界」とは、一切の如来たちの集合体に他ならないのである。金剛界とは、実体としての一種の「場」であり、これを構成するのは、その一切如来たちの身と口と意なのである。口すなわち言葉、というものが精神と物質とのどちらに属するかは知らないが、身が理（六大のうち五大）、意が智としての識大に対応することは確実だから、これも、金剛界は智である、などと簡単に割切れるはずのものでもない。『大日経』は七世紀中頃、『初会金剛頂経』は七世紀末の成立とされるが、両者はその成立の場所も同じではなかったらしく、そこに説かれる世界の構造も非常に対照的なものをもっている。また、インド密教の体系は何もこの二つに限ったものではなく、その後に大いに発展している。しかし、中国に受容されたのは、この二つの体系であり、その体系の構造上の相違を認識した上での究極的な実在者の内容に優劣を見出さないという意味の両部不二であろうから、一個の仏格の上で理（五大）と智（識大）とを分け合うという考えは本来のものではないであろう。

すでに『大日経』の世界に関して概略を述べた（「菩提心」の項参照）ので、今は、『金剛頂経』の世界を簡単に描いてみよう。

『初会金剛頂経』の冒頭の部分を一個の神話劇と見るとき、場面は、第一場は色界（物質的世界）の最高処にある色究竟天王（しきくきょうてんのう）の宮殿、第二場が、このわれわれの住む贍部（せんぶ）洲（しゅう）は尼連禅河（にれんぜんが）のほとり、ブッダガヤーの菩提樹下の菩提道場、そして、第三場が須弥（しゅみ）山（せん）の頂上である。

第一場、毘盧遮那は無数の菩薩と如来に囲まれて、色究竟天王の宮殿に坐っている。これは、仏の出世と否とにかかわらず、絶対者は常に存在しつづけていることを示している。ただそれは未顕現、未展開なのである。それが無色界でなく、色界の頂上にあるのは、究極的実在が単なる観念ではなく、実体・実在者であることを示すものと理解したい。

場面は直ちに第二場に移る。毘盧遮那は一切の如来たちとともに贍部洲に現れる。そこの菩提道場ではさとりを開く直前の一切義成就菩薩（Sarvārtha-siddhi これは成道以前の釈尊すなわち悉達太子 Siddhārtha を予想した名である）は、菩提道場に坐って、無動三昧に入っている。毘盧遮那が贍部洲に現れることと、この一切義成就菩薩が菩提道場に上ることとは同じなのである。彼に一切の如来たちは五相成身を教え、その通りにして一切義成就菩薩は成道し、金剛界如来となる。すなわち、毘盧遮那はこの贍部洲の地に出現したのである。

歴史上の釈尊がさとりをひらいたとき、彼は、三十二相八十種好を具備した堂々たる仏として人びとの前に現れた。しかし彼は一生涯柿色の衣を着て諸国を遊行し、やがて衰えて入滅した。その釈尊の成道の事実を密教の眼で見るとき、彼は、美しい色の衣を着、種々の荘厳具を身につけ、五智宝冠をかぶった毘盧遮那なのである。一切の如来たちは、そこで彼を「世界建造者の位」（viśvakarmatā）につける。場面は第三場に移る。

一切の如来たちは毘盧遮那を伴って須弥山の頂上の「金剛摩尼宝頂楼閣」におもむき、彼を彼ら一切如来たちの代表たる「一切如来」（単数）に指名し、仏の坐るべき師子座に即かしめる。彼は一切如来の長として、一種の組閣に着手し、ここに金剛界曼荼羅が形成される。すなわち、究極的実在は、われわれがそれを認識し、それをわれわれ自身の成仏の手本とし得るような形で、自己を顕現するのである。『金剛頂経』では、この法身毘盧遮那を「大毘盧遮那」と呼ぶ。

『大日経』の世界をローソクの光に喩えるなら、『金剛頂経』の世界は丸いスリガラスの電灯である。その球形のガラス全体が均質の光を放つのである。黒地に白で描くなら、『大日経』の世界が、中心点が真白く、外側にゆくにしたがって暗くなるものとするなら、『金剛頂経』のそれは、ただ真白い円形である。その内部に明るさの差はない。

この金剛界は、地上に仏が出現する瞬間にその新しく成仏した仏を中心にすえたものとして顕現する。今は釈尊成道の場面であったのであるが、密教の実在者は、この地上には顕現せず、須弥山頂という何かしらかけ離れた場所にその姿を現した。これは密教の真理が、歴史上の釈尊の生存とは重ならないことを暗示するのであろう。

地上には絶えまなく仏が出現し、そのたびに金剛界曼荼羅はその仏を中心にすえたものとして顕現し、衆生を利益する。仏の出世する場所は違っても、その仏に目をすえるなら、彼は常に宇宙の中心に毘盧遮那として輝きつづける。われわれも遠い将来必ず仏としてこの地上に姿を現すのであり、そのとき、われわれは毘盧遮那・世界の中心としてその全世界を輝かして一切の衆生を済度するわけである。われわれは、『大日経』の場合と同じく、全世界に対する責任を負いながら、ただ今のこの生を生きていることになる。

ただし、この図式はたてまえであって、『金剛頂経』の世界には、すでに即身成仏を理論的に可能にする条件がそろっていることに注目しておかねばならない。それは、この世界が何らかの意味でわれわれにとって外にある、ということである。絶対者をこのようなものとして認識するとき、絶対者と個人存在、すなわち絶対的に対立するものの、そのままでの合一（絶対者との瑜伽）という瑜伽タントラ以降の成仏の方式が可能になってくるのである。これに反し、『大日経』にあっては、われわれは常に絶対者の内部に包みこまれたものとして在り、その条件下では無限の道程を歩みつづけることこそが宗教理想の境地に他ならないのである。

（津田真一）

灌頂

『平家物語』の最後の第十三巻目が「平家灌頂巻」と呼ばれるものであることは、高校生ぐらいになれば誰でも知っている。悲劇の女主人公建礼門院の出家と、洛北大原の寂光院での隠棲、後白河院の突然の大原御幸、建礼門院が後白河院に対して、自らの苦悩と悲惨の生涯を物語る六道の沙汰、そして、いく年か経て阿弥陀如来を念じつつ、静かにその悲劇の生涯を閉じる女院御往生の章……。

平家興亡の壮大な物語を諸行無常の理の絶好の例として取り上げた感のある作者にとって、灌頂巻は仏教文学としてのプランの上で、はじめから計算されたエピローグのはずであるから、灌頂という平安朝仏教文化の匂いを強く漂わせた語をその題としたことには、当然何らかの理由があったはずである。

ところが、内容の上から見て、建礼門院がこの巻で灌頂を受けたわけではなく、灌頂という言葉すらでてこない。なぜだろう、と素人の私でも疑問をもつ。ましてや専門の学者がいろいろ意見を発表するのは当然であろう。

ところが、こんど、岩波文庫本の解説を読んだところ、何のことはない、この灌頂という言葉は、琵琶法師の社会の平曲伝授上の制度にもとづくものなのだそうである。

そういわれてみれば、琵琶法師というハンデを負った人びとの特殊な社会にあっては、そのゆえになおさら自らの芸に対する権威づけの必要と、掟の厳しさがあったであろうから、その免許が灌頂という、当時はかなりふつうに使用され、かつその厳粛さが知れわたっていた密教の秘義伝授の儀式を示す言葉を自分たちの免許制度の上にもちこんだのは、まことにもっともであった。

そういわれてみれば、灌頂巻の雰囲気は、灌頂という語そのものの本来の語感とは大いに異なっているのである。

建礼門院は、その生涯を、平家とその最大の仇敵、老獪無比の後白河院との間の政略の具として弄ばれ、常の世ではあり得ぬ転変をつぶさに経験した。建礼門院は、その仇敵にして、義父、しかも、過去に男女としての関係をもったと想像されている後白河院の突然の来訪に、一度は顔を赤らめて立ちすくむが、やがて、その生涯を通じてのひたすら耐え忍ぶ女性としてのイメージをかなぐり捨てるように、自らの短い生涯に経た夢のような栄華や苦悩、屈辱、悲惨を、人類全体の生存様式の図式ともいうべき六道輪廻に当てはめて後白河院に物語る。もはやすべては終わり、彼女は生きながらすでに死んだ者の眼で自分の一生を客観的に見つめている。かくて、二人は、日の暮れかかるまで親しげに語り合い、ともに涙にくれる。すべての愛憎も、苦悩も過去のものとなり、二人には、もはや未来はないのである。時の経過の前には、なすべもなき人の世の移り変わり、まことに諸行無常である。折しも寂光院の鐘の声は今日も暮れぬと打ちならされ、まさに陰々滅々たる諦念の世界である。

では灌頂という語の本来の語感はいかなるものかというと、こちらは、まことに華麗で、多少誇大妄想的な感じすらするのである。

灌頂（adhiṣeka）とは、元来古代インドにおいて、立太子式のとき、王子の頭頂に世界中の五つの大洋の水を灌いで（abhi-√ṣic）、その王子が皇太子としてやがて王位を継承すべきものであることを内外に宣明したものであった。この儀式が密教に取り入れられたのである。

密教で灌頂を受けた者は、やがて全宇宙の帝王たる法王毘盧遮那（大日如来）の位を継ぐべきものとして法界に遍満した一切の諸仏に承認せられたのである。彼は自らの心のうちに叫んだであろう、「おれは大日如来の嫡子だ。ゆくてにどんな困難があろうとも、また、百千万億無量劫かかろうとも、必ずそれにふさわしいりっぱな人間となって宇宙の帝王の位につき、おれの威光で全宇宙の生きとし生けるものを包みこみ、済度してやるぞ」と。これほど勇ましい、堂々たる気概があるだろうか。これが灌頂という語の本来の語感なのであって、陰々滅々どころではない。

　これは密教の真理を一身に受けとめる伝法灌頂というものであって、誰でも安直に受けられるわけではない。昔は必死に勉強しても、ついに力及ばず、一生この灌頂を受けることなく死んでいった僧も多かったらしい。

　しかし、世の中には方便ということもある。サービスも必要である。そこで結縁灌頂とか、受明灌頂とか、一般の人びとに簡単な作法で投華得仏させてその人の護り本尊を決めてその印明を授けてやり、それを機縁にして菩提心を発して人間としての正しい道を歩むように、と諭し導く灌頂が行われ、平安朝の貴族の男女の間に大いに行われたもようである。

　投華得仏というのは、眼かくしをして、床の上に敷かれた曼荼羅の前に進んで外縛した両手の中指に華をはさんで曼荼羅の上に投じ、眼かくしを解いてその花の落ちたところの仏を確認して自己の護り本尊を決定するのである。入唐した弘法大師は青龍寺の恵果阿闍梨から、五千人と称される彼の弟子の内のただ二人のうちの一人として、胎蔵金剛両部の灌頂を受けた（八〇五年）のであるが、胎蔵界のときも、金剛界のときも、彼が投じた華は中尊大日如来の上に落ち、恵果をして「不可思議不可思議」と讃嘆せしめた話はよく知られている。

この伝法灌頂を受けた者は阿闍梨の位を得るから、この灌頂を別名阿闍梨灌頂といったり、受者の頭頂に瓶から五仏の智慧の水を灌ぐのであるから瓶灌頂ともいうのである。時代が下って、インドにおいてタントラ仏教の時代になると、さらにこの阿闍梨灌頂の上に秘密灌頂、般若智灌頂および第四灌頂の三者が加わるのであるが、これらは日本には伝えられなかった。

秘密灌頂とは、阿闍梨が目かくしした受者の前で、美しい十六歳の少女と交わり、自己の精液（方便）とその少女の体液（般若）の混じり合って一つになったもの、すなわち菩提心（タントラでは般若プラス方便イコール菩提心なのであるから……）を指で受者の口に落とす、すなわち、菩提心を植えつけるのである。

般若智灌頂は、次に受者がその少女（この少女自身も般若の智慧に他ならない）と交わり、そこに生ずる快楽の状態を阿闍梨が歓喜、最勝歓喜、離喜歓喜および第四歓喜の四段階に分けて、受者に実地に教えこむのである。

第四灌頂では、一転して、これら性的な快楽にいくら熟達してみても、所詮それらは刹那的な、無常なものにすぎず、真のさとりの境地は、すべての性行為や言説を離れた絶対の安楽の境地であることを言葉で教えるのである。だから、文献にはこの灌頂が「言葉による灌頂」と表現されている（『サムプタ・タントラ』）。これは一種のウパニシャッド的な奥儀伝授の伝統の復活であろう。

このようにみてくると、平曲の伝授には『平家物語』の最後の巻を授けるのであるから、この巻を灌頂巻と称するのも、まことにもっともなことである。

（津田真一）

阿闍梨

「暑げなるもの。随身の長の狩衣。衲の袈裟。出居の少将。色くろき人の、いたく肥えて髪おほかる。琴の袋。七月の修法の阿闍梨。日中の時などおこなふ、いかに暑からんと思ひやる。また同じ頃のあかがねの鍛冶。」（『枕草子』一二三段）

いつもながら清少納言のセンスの鋭さには感心させられる。まことにその通りなのである。

実は、私は真言宗豊山派の僧籍にある。貧寺なりといえども一山の住職、七月廿一日の施餓鬼会には、先代住職（実は私の父）が遺した遠山文様の衲の袈裟を着けて登壇する。

しかし、時刻は日中二時、まことに暑い。施餓鬼、七月、暑い、という連想から、条件反射ではないが、七条の袈裟を見ただけで汗がでてくるのは、うそではないのである。私も伝法灌頂を受けていて、名目的には阿闍梨であるから、「七月の阿闍梨」の例にはなる。

名実そなえた阿闍梨になるには、われわれは、伝法大会に列して真言宗の教義に関する論議をして、能化（学頭、すなわち最高位の学僧で管長を兼ねる）から合格の判定を下され、さらに便檀といって灌頂阿闍梨の役を勤め、他の誰かに伝法灌頂を授けねばならない。私は伝法大会は未修であるから、資格的にはまだ阿闍梨ではない。

阿闍梨とは、ふつう密教の教理面（教相）と実修面（事相）の両方に通じた、つまり、学徳兼備の高僧を意味する。密教はこの教相と事相を車の両輪とする。私の属する豊山派は、自由討究を標榜する学山であったので、過去には、「悉檀声明　愚僧の役」などといって、学者が事相家を馬鹿にしたようなこともあったらしいが、それはやはり正しい態度ではないであろう。ただし、現今では、重んじられるのは、事相家でも学者でもなく、宗政家といって、宗派内の政治家、官僚である。

さて、阿闍梨という語は、サンスクリット語アーチャーリヤ（ācārya）の音写である阿闍梨耶の省略形と考えられている。しかし異論もあって、トカラ語A（アーシャリ）やトカラ語B（アシャリ）に由来するものとする人もいる。さらに省略したかたちの闍梨は、すでに密教の日本伝来の直後に、その当事者によって尊敬と、ときには親しみと、そして、他宗の人びとに対する何かしらの優越感を伴ったモダンな呼称として使われていた。

例えば、伝教大師最澄が、弘法大師空海を遍照闍梨と呼んだり、後輩あるいは弟子に当たる泰範を範闍梨と呼んだりする。ただし、空海を海阿闍梨とは呼んでいるが、海闍梨と呼んだことがあるかどうか、ちょっと思い出せない。空海も最澄闍梨とか、呼びかけて「闍梨」とかいっている。今日の「先生」というところである。密教者に対する尊称であるから、空海の最澄に対する絶縁状ともいうべき「泰範叡山の澄和尚に答するための啓書」（『性霊集』巻十）では、和尚とか大師とかの最大の尊称を用いても、闍梨とはいっていない。空海は、密教家としての最澄を全面的に否定したからである。

アーチャーリヤとは、本来アーチャーラ（ācāra）すなわち規範を知るもの、規範を授ける者の意味で、規範師などと訳したりする。バラモン教では、バラモンの一生は学生期、家住期、森住期、遊行期という四つの住期（アーシュラマ）に分けられるが、学生期とは、入門式（ウパナヤナ）を経て、師（グル guru、チベット語で bla ma すなわちラマである）の家に住み込み、童貞を守ってヴェーダの学習にはげむ時期である。この入門式は、第二の誕生とされるきわめて重要な儀礼で、この式を通過できるバラモン、クシャトリヤ（武士階級）およびヴァイシャ（商人階級）を再生族と称する。アーチャーリヤとは、本来、この入門式において、弟子になる少年を聖火の前に導き、神々に対する讃歌を唱えながら、聖紐を少年の左肩から右腕下にかけ、またヴェーダの規範を教授する師のことである。

仏教の入門式である具足戒（完全な戒律）の受戒の場合、三師七証といって三人の師匠と七人（辺境の地では二人）の証人を必要とするが、三師とは戒和上すなわち戒を授ける戒師と、羯磨阿闍梨（羯磨師）および教授阿闍梨（教授師）である。羯磨阿闍梨は、戒場で受者に作礼や乞戒を指図し、また証人に向かって、「これこれの戒をこの受者に授けますが、異議はございませんか」とはかる羯磨の作法を行う役であり、教授阿闍梨とは、戒場において受者に行儀や進退などを教える役である。

ところが密教になると、阿闍梨という語は、本来の、その人について入門し、その人の家に住みこんで全身全霊をもって仕えてヴェーダを学習し、ついに許されて秘義を授けらるべき、無上絶対の師、という重い意味を再び取り戻す。密教とは単に知識として教授されるものではなく、師すなわち阿闍梨から弟子へ直接に伝えられ承け継がるべき秘密の教えであるからである。だからその教えは、父子の間に流れる血のつながりと同じで、その相承の系譜を血脈という。現代でも、密教徒は、自分は大日如来、金剛薩埵、龍猛菩薩、龍智菩薩、金剛智三蔵、不空三蔵、恵果阿闍梨、そして弘法大師という血脈を継ぐもの、つまり密教の教主大日如来の由緒正しい跡継ぎである、という自意識をもつわけである。であるから、自分の師・阿闍梨とは、密教徒にとってすべての真理、すべての価値がそこから伝えられる最も尊いもので、まさに仏と同じに尊敬すべきものである。密教が主体であるチベット仏教をラマ教というのは、彼らが、自分の師（グル、すなわちラマ）を極度に尊重するからに他ならない。

このように、密教徒にとって唯一絶対の権威である阿闍梨は、当然、それにふさわしい学徳をそなえたものであるべきである。『大日経』の「入曼荼羅具縁真言品」には十六の阿闍梨の条件が列挙されている。すなわち、阿闍梨とは菩提を求める心をすでに発しており、すぐれた智慧と慈悲の心があり、すべての学芸に秀で、よく般若波羅蜜を修行し、声聞・縁覚・菩薩の三つの教えに通じており、真言の本当の意味を知っており、他の人びとの心を知り、諸仏菩薩を信じ、すでに伝法灌頂を受けた者であり、曼荼羅の画が意味するところをよく理解しており、性格が柔和で我執を離れており、真言行に確信をもっており、ヨーガの実習を究め、そして常に未来永劫かかろうとも、またどんな苦しいことがあろうとも必ずさとりを開いて、一切衆生を救済しよう、という勇猛で健気な心、すなわち「勇健の菩提心」をいだいている者でなければならない。真の意味での阿闍梨であることは、まことに大変なことなのである。

蛇足を加えると、私は大僧都だから遠山袈裟を着ける資格はないが、他のは気に入らないので遠山を着る。辞書を見ると「あじゃり、着飾る人、おしゃれ」とある。すると私も「あじゃり」なのかもしれない。そういわれてみると、わが宗派の阿闍梨方は皆「あじゃり」のようで、非常な大金を投じて立派な七条の袈裟を作る。ただし、この「あじゃり」が語源的に ācārya に接続するかどうかは不明である。

（津田真一）

五輪(ごりん)

「五輪着地」というと、何かオリンピックの体操競技で、月面宙返りのウルトラCを決めた瞬間を思い浮かべてしまうが、これは実は「五体投地」のことで、その姿勢は体操競技の着地とは逆なのである。

体操競技の鉄棒やつり輪の着地は両足裏以外が地に着いたら減点であるが、五体投地とは、文字通り全身を地に擲(なげう)って、仏の御足(みあし)を自分の頂に戴く礼法で、古来インドでは相手に対する最上の敬意を示すものであった。日本では本尊の前に静かにひざまずき、両肘(ひじ)と額を地につけて礼拝するが、先年ブッダガヤーで見たチベット僧の礼拝は、まさに全身を地にたたきつける、といったふうの熱烈なもので、そのための特別な板を敷いて、その上でやっていた。白人ヒッピーはこのチベット方式でやっていたが、タイ人の観光客などは、子どもですら、地面にべったりとすわりこみ、静かに両腕と頭を地につけてじっとしている、まことに敬虔(けいけん)な礼をしていた。

さて五輪であるが、密教では五大のことである。「大」とは原語をマハーブフータ

(mahābhūta) といい、この世界（器世界）と有情（生きとし生けるもの）とを構成する要素のことで、「五大」とは地水火風空である。密教ではこのおのおのに、種子（種字）と色（顕色）と形（形色）とを次のように配当して、いろいろに象徴の世界を建立する。

五輪	地	水	火	風	空
種子	a	va	ra	ha	kha
顕色	黄	白	赤	黒	青
形色	方	円	三角	半月	団形

われわれの住む世界もこの五要素から成り、われわれ自身も、そして大日如来も五要素から成る。すなわち五大所成、五輪所成である。

京や鎌倉などの歴史散歩が好きな方は、道ばたなどに苔むした五輪塔を見かけることも多いであろう。四角い土台の上に球形の石がのっており、その上に屋根のような、正面から見ると三角をした石、さらにお椀のような石、一番上に宝珠形の石がくる。さらに仔細にみると、下から上にア、バ、ラ、カ、キャの梵字が彫りつけてあるはずである。これは五輪卒塔婆というのであるが、実は、密教の教主大日如来を象徴的に表現したものなのである。真言宗の寺院の墓地にゆくと、多くの板塔婆が立てられているが、これはこの五輪塔の形を継承したもので、表面には上から、五輪塔の形に応じてキャ、カ、ラ、バ、アと書き、裏面は大きくバン字が書いてある。バン字は金剛界大日如来の種子である。

法事などで檀家の人が塔婆をあげると、必ず開眼（かいげん）の作法をし、表白を読み上げるが、その中に「夫レ五輪卒塔婆ト者、大日如来本誓ノ形、遍法界身曼荼ノ躰ナリ」という文がある。「五輪ソトバとは大日如来を象徴的な形をもって表現したもので、それがそのまま全宇宙に遍満する大日如来の身体、それすなわち、真実の曼荼羅そのものに他ならない」という意味である。

仏教の宇宙観の基本は、須弥山（しゅみせん）世界であるが、それによると、虚空中に風輪（vāyu-maṇḍala）という途方もない大きさの円盤状のものが浮かんでおり、その上に水輪（ap-maṇḍala）あるいは jala-maṇḍala）があり、その上に金輪（kāñcana-maṇḍala）があり、この金輪の上に須弥山およびそれを囲むわれわれの住む世界を含む四大洲（しだいしゅう）があるのである。

密教ではこれをうけて、さきの五輪塔を下向きにした形で世界を観想する。われわれ人間は四角い地輪をそれと共有して、その上に立つ五輪塔である。

すでに見た通り、五輪の輪の言語は、マンダラ（maṇḍala 曼荼羅（まんだら））であった。マンダラとは輪円具足と訳され、輪円状のもの、さらに完全なる全体の意味であるが、実際の用例に当たってさらにもう一段読みこむと、いくつかの構成要素が集合して完全なる全体を形成するときのその各々の要素を意味する場合がある。五輪というときは、この例である。地水火風空の五大が和合して人間を構成するとき、地水火風空は順次、地輪、水輪、火輪、風輪、空輪である。これを人間の身体を（和合してではなく部分として）構成する膝（ひざ）の部分である膝輪、以下同様に腹輪、胸輪、面輪および頂輪に対応させるから、五大即五輪即五体という関係が生じ、人間の五体が五輪であり、五輪着地がウルトラCの着地ではなく、五体投地の礼拝であることになるのである。

ただし、この五輪を五体に対応させる思想は、ほとんどそのまま、すでに紀元前二世紀から紀元後二世紀の間に成立している『ヨーガタットヴァ・ウパニシャッド』に出ていることを付記しておこう。それはともかく、極小の五輪塔たるわれわれ人間がすなわち、宇宙に遍満する五輪塔たる大日如来にほかならないことを観想する五輪成身観とか、五字厳身観の観法は、このような原理にもとづくのである。

（津田真一）

護身法（ごしんぼう）

護身術というと、空手とか合気道など、他から不当な暴力を加えられそうになったとき、身を護る術のことであるが、護身法（ごしんぼう）となると、内容がちょっと観念的になる。真言密教の行者は、読経や修法に際して、必ず五種の印契を結び真言を唱えて、自らの身体と言葉と心を浄（きよ）める。

私の仲間の某住職が、いつであったか、檀家の法事のとき、この護身法のうちの仏部三昧耶（さんまや）の印を結び、その真言を唱えたところ、それまで大人たちのなかでじっと神妙にしていた小さな子どもが、突然ゲラゲラ笑いだしたのでびっくりしたそうである。仏部三昧耶の真言は、「オンタタギャトウドハンバヤソワカ」というのであるが、後で聞いたら、これはテレビで子どもたちに人気のあるレインボーマンという正義の味方が、変身するときに唱えるので、子どもならだれでも知っているのだそうである。

そこで興味をもって、自分も子どもたちといっしょにいろいろテレビを見たが、名前も衣装もさまざまな主人公たちが、怪獣や宇宙からのインヴェーダーと戦い、その身が危くなると必ず何かしらの身体的動作をし、何かしらの呪文を唱えて変身するのには感心したとのことであった。そういわれてみれば、われわれの子どもの頃も、少年雑誌では、忍術使い（当時は忍者などというしゃれた言葉はなかったように思う）は、必ず忍術の巻き物を口にくわえ、印を結んでドロドロとばかりガマや大蛇に変身したものであった。

護身法は、次のごとき印明よりなる。

一、浄三業（身語心の三業を総じて浄める）

〔印〕蓮華合掌

〔真言〕オンソハハンバシュダサラバタラマソハハンバシュドカン〈Oṁ svabhāvaśuddhāḥ sarvadharmāḥ svabhāvaśuddho 'ham オン、一切諸法は自性清浄なり。我もまた自性清浄なり〉

二、仏部三昧耶（殊に身業を浄める）

〔印〕蓮華合掌から二頭指（人さし指）をまげて二中指の中節につけ、二大指で二頭指の中節を押す。

〔真言〕オンタタギャトウドハンバヤソワカ〈Oṁ tathāgatodbhavāya svāhā オン、仏（部の諸尊）の出現のために、ソワカ〉

三、蓮華部三昧耶（殊に語業を浄める）
〔印〕八葉印
〔真言〕オンハンドボウドハンバヤソワカ〈Oṁ padmodbhavāya svāhā オン、蓮華（部の諸尊）の出現のために、ソワカ〉
四、金剛部三昧耶（殊に意業を浄める）
〔印〕左掌を覆せ、右掌を仰げ、甲を合わせて大指と小指を結合する。

〔真言〕オンバゾロウドハンバヤソワカ〈Oṁ vajrodbhavāya svāhā オン、金剛（部の諸尊）の出現のために、ソワカ〉
五、被甲護身（如来の大慈大悲の甲冑を被て一切の天魔や障害を防ぐ）
〔印〕三内股印
〔真言〕オンバザラギニハラチフハンダヤソワカ〈Oṁ vajrāgnipradīptāya svāhā オン、金剛火によりて輝かされたるもののために、ソワカ〉
護身法の名は、この第五の被甲護身の印明に由来するものであろう。
ところで、「九字を切り、護身法を結んで」とか、「護身法の印を結び、九字を切って」などと、よく護身法に結びつけられる九字は、本来密教のものではなく、道教の、晋の葛洪仙人が山に入るとき、やはり護身のために用いた六甲秘呪というおまじないが修験道に混入したものとされる。これは臨兵闘者皆陳列在前の九字を唱えながら、一字ごとに横縦、横縦と空中に、横五本縦四本の線を引くものである。この方は、例えば学生が試験に臨んだときなどに臨試験者皆陳列正解などと、大いに応用できそうである。

（津田真一）

怛特羅

怛特羅・タントラ（tantra）という語は、近頃かなり一般にも知られるようになった。いや、むしろその実態も十分解明されないうちに商品化され、すでに手あかに汚されてしまったといえるかもしれない。日本で密教とかタントラとかいう名のついた催しもの（すでに七年ほど前、「タントラ生け花」という大展覧会があり、私は、そこに示されたタントラのイメージがあまりにも私の考えていたものとは違うので、その生け花自体の芸術性とは別個の問題として、はなはだ奇異に感じたものである）では、必ず「セックスと神秘の……」とか「宇宙のエロス……」とかいうサブタイトルがつけられるのが常であった。

私の意見をいわせていただくなら、タントラの宗教は、当時のタントリストたちにとって、今日のわれわれが自然科学を信頼するように信頼された、すなわち、その方法論が正しく適用されるなら、宗教理想は必ず実現するはずの、いってみれば、擬似科学であった。そのイメージは、よく見かける「人間性の奥底にひそむドロドロした情念の世界」というふうなステレオタイプとは逆に、宇宙と人間とを、手のひらの上にのせてじっと観察し、そのすみずみまで明瞭（めいりょう）に認識した、といったふうの、きわめて整然とした体系をもつ宗教であると、私は認識している。

後代の分類によるなら、タントラ仏教は次のように四分類される。

Ⅰ、所作タントラ
Ⅱ、修行タントラ
Ⅲ、瑜伽（ゆが）タントラ
Ⅳ、無上瑜伽タントラ

さらに、この無上瑜伽タントラは、次のように三つに分けられる。すなわち、

1、方便（父）タントラ
2、般若（母）タントラ
3、不二タントラ

であり、これらはあるいは、順次、大瑜伽、後瑜伽および極瑜伽と呼ばれることもある。

所作タントラには、今日われわれのいう雑密教典、すなわち、『大日経』『金剛頂経』以前の、まだ理論体系をもたない、行法のみの経典が属する。修行タントラの代

表は、『大日経』であり、瑜伽タントラの代表は、『金剛頂経』であり、この『大日経』（七世紀半ばには成立していたらしい）と『金剛頂経』（七世紀末）は、両部大経と称して、日本密教の根本聖典とされる。真言宗で常に読誦する『般若理趣経』も瑜伽タントラに属する。

無上瑜伽タントラのうちの第一、方便タントラの代表は『秘密集会タントラ』で、八世紀中頃には成立していたであろう。般若タントラの代表は、『ヘーヴァジュラ・タントラ』とサンヴァラ系の諸タントラで、八世紀末までのほんの短い間に、主要なタントラが集中的に成立したもようである。

サンヴァラ系の密教の根本タントラは、『Laghusaṁvara-tantra』とされ、釈タントラとして『最勝楽出現タントラ』（Saṁvarodaya-tantra）『Abhidhānottarottara』『Saṁpuṭodbhava』『Vajraḍāka』『Ḍākārṇava』『Yoginīsañcāra』等が指摘されるが、私はこれらを根本タントラと註釈タントラに分ける考えはとらない。これらのうちで、『最勝楽出現タントラ』が、年代的に先行するのは確実である。

そして、タントラ仏教の最後を飾るのは父と母、方便と般若の不二を標榜する（とされる）『時輪タントラ』で、これにはイスラム侵入の影響がみられ、成立はずっと遅れ、十世紀末から十一世紀初めとされる。

七八〇年頃から八〇〇年頃に活動したブッダグフヤは、チベット王チソンデツェンに招聘されたこともあるとされ、チベットでは古密教を代表する大学者として尊重された人であるが、彼は、その『大日経釈』で、「大日経は所作を説くから、所作タントラでもあり、また瑜伽を説くから瑜伽タントラでもある。要するに〈両方のタントラ〉である」といっているが、この「両方のタントラ」という語はある程度使用されたが、後に修行タントラという語に統一されたようである。

ところで『大日経』はもちろん、経(sūtra)である。瑜伽タントラの『金剛頂経』、正しくは『初会金剛頂経』は、巻末に「一切如来真実摂と名づくる大乗経」と称する通り、経なのであるが、ただ、その内容は、四大品よりなる正篇と続篇とに分かれており、この続篇がタントラなのである。大まかにいって、これ以後、スートラ(経)に代わって、密教の典籍はタントラと称されるようになった。このスートラからタントラへの移行は、当時盛んになってきたヒンズー教のうちのシヴァ教の典籍がタントラということから、シヴァ教の影響であろうと見る人もいるが、少なくとも現行のシヴァ教タントラの成立年代は、仏教タントラより、はるか後代のものらしく、仏教タントリズムとヒンズータントリズムとの年代的関係は、いまのところまったく不明とせねばならない。ただし、内容的には、般若・母タントラになると、その主尊のヘーヴァジュラなりヘールカなりの形態がシヴァ神の一形態であるヴァイラヴァ神に酷似していることをはじめとして、末端においてそれと区別できないほどにシヴァ教の影響が強く、やがてその中に吸収されてしまったものと思われる。

日本に体系として伝わったのは、瑜伽タントラの『金剛頂経』『理趣経』までであり、その後の、性的な要素が強くなった無上瑜伽タントラは、正式には伝えられなかった。しかし、例えば、『秘密集会』とか『ヘーヴァジュラ』は中国までは伝わっていたから、何らかの形で日本に断片的に伝わっていたらしく、立川（たちかわ）流密教（平安末に成立、建武年間に文観（もんかん）により大成され、明治になるまである程度の勢力を保っていた）の中にその片鱗（へんりん）をみせている。

タントラという語の意味は、スートラが織り物のたていと（経）であるのに対して、よこいと（緯）のことである、とする説があるが、これは、むしろスートラとタントラという名称の相違が、それに対応するはずの内容上の断層を明確に認識しようとして苦労していることのあらわれのようにも思われる。

タントラという語の意味として、辞書には「主要部分、要点、体系」、さらに「教義、理論、学術書」、さらに「学術書の章」等の訳があげられているが、この「章」という意味は、『金剛頂経』のタントラの部分に当てはまる。タントラという語を、チベットではギュッ（rgyud）と訳すが、これは「連続」「相続」を意味する。

このタントラという語を語根 √tan から説明することもあるが、√tan には「伸ばす、継続する、喧伝（けんでん）する、顕示する」そして「著作する」という意味がある。また、tan という名詞があるが、これは「連続」「継続」の意味である。ただし、具格で副詞的に「継続して」というようにしか使われないようである。

前述の『秘密集会タントラ』の第十八章（これは後篇をなしていて、それ以前の正篇の部分より遅れて八世紀後半に成立したらしい）では、「タントラとはプラバンダ（prabandba）である」と定義する。プラバンダは、それがこの部分のチベット語ではギュン（rgyun 流れ）と訳されているように、「間断なき継続」を意味するが、同時に「文学作品」「註釈書」という意味もある。ついでプラバンダをプラクリティ（prakṛti 原因物質）、アーダーラ（ādhāra 支えるもの）、およびアサンハーリヤ（asaṃhārya 不能奪、おそらくは、絶対的境地の意味）の三つに分け、それぞれ因（さとりを得るための素材）、方便（手段・方法）および果（さとった結果）に対応せしめる。

『ヘーヴァジュラ・タントラ』には、「タントラとは般若と方便を本性とするもの」という定義が見出されるが（I.i.7）、註釈者クリシュナ（おそらく九世紀の人、十一世紀という説もある）は、むしろ『秘密集会』をうけて、「因」は金剛種姓に属する（つまりタントラ仏教徒の集団に属する）人びと、「果」は（修行の結果）完成されたヘーヴァジュラ神の姿、そして「方便」とは、具体的方法論（に従って実践修行する）道である、と定義する。

チベット仏教史上最大の学者ツォンカパ（一三五七―一四一九）が注目して引用する限りの十一世紀のタントラの大学者ナーローパは、これをうけたものらしく、「義タントラ」すなわち、タントラの内容を因、方便、果に三分して、「因」を「成就者の宝の如きプドガラ（身体、個人的存在性）」、「方便」を「（生起次第と究竟次第という）二次第の承事と成就」、そして「果」を「無住処涅槃、持金剛あるいは双入の身」とする。すなわちタントラとは、その宗教理想実現の根拠あるいは素材を修行者の身体におき、生起次第（絶対者からの、世界の展開の過程）と究竟次第（絶対者に向かっての、修行者の向上の過程）の観想と修習をその方法とし、無住処涅槃（涅槃に入りながらそこにとどまらず、迷いの世界に入って衆生済度の活動を永遠につづける、という境地）、持金剛（密教の真理を体現したもの）、双入の身（一身中に般若の智慧と衆生済度の方便とを融合し、調和した状態を保つ生存形態）を宗教理想とするものであることが示される。

タントラ仏教が性的な指向をもつのは事実で、この般若を女性、母、方便を男性、父としてその合一の状態をさとりの境地である、と表現したり、男性の精液を方便、女性の体液を般若として、性的結合によりその両者の混じり合ったものを菩提心とするなど、性的表現に満ちているため、中国および日本では流入を阻止されたのであるが、インドにおいては、これを実際に実行する人びともあり（左道）、象徴的に理解した人びと（右道）もあったものと思われる。

（津田真一）

仁王

仁王は二王とも書く。古くから仁王さまとして民衆に親しまれ、さまざまな物語の主役となり、例えば落語などにも登場するが、同時にこれほどその実体のわからない神格は少ない。

仁王というのは、大寺院の門の左右に守護神として安置されている一対の金剛力士の像のことである。その楼門のことを仁王門と呼ぶ。仁王門に安置された二体の金剛力士のうち、左は密迹金剛、右は那羅延金剛であるといわれる。密迹は口を開き、那羅延は口を閉じ、阿吽の呼吸を表しているというが、口を開いた像を金剛と名づけ、口を閉じた像を力士と名づけるというような説もあり、二つの像は別の神格なのか、あるいは同一の神格を二体に分けたものなのか、はっきりしない。

金剛力士の原語は、サンスクリット語ヴァジュラ・パーニ(Vajra-pāṇi)である。ヴァジュラ・パーニというのは、「ヴァジュラ(金剛杵)を手に持っている」という意味であり、「金剛手」、「執金剛(神)」などとも訳されている。

比較的初期に属する仏典においては、ヴァジュラ・パーニは、金剛杵を持って釈尊の敵を成敗する夜叉(やしゃ)（ヤクシャ）であるとされた。だから、ヴァジュラ・パーニ・ヤクシャ（Vajra-pāṇi-yakṣa）とも呼ばれ、執金剛薬叉(やくしゃ)神王、執金剛大薬叉王などとも訳された。この夜叉の姿は仏陀(ぶつだ)と仏敵にしか見えず、一般の人びとの目には隠されている。「隠されている」ということから「密迹」と呼ばれるのではないか、とそう筆者は解釈する。一般には、金剛力士が密迹と呼ばれるのは、「仏の秘密の事迹(じしゃく)を聞こうとの本誓を抱くから」といわれる。しかし、「密迹」は明らかに、サンスクリット語グヒヤカ（guhyaka）の訳である。グヒヤ（guhya）は「隠さるべき」という意味で、グヒヤカは夜叉（ヤクシャ）と同じく、富神クベーラ（毘沙門天(びしゃもんてん)）に仕える半神族の名称である。だから、「密迹金剛」とは、「グヒヤカ（半神の一種）であるヴァジュラ・パーニ」（Guhyaka Vajra-pāṇi）という意味であり、別に金剛力士の種類を表す言葉ではない。

釈尊のボデー・ガードとしてヴァジュラ・パーニの信仰は、西北インドを中心に広まったが、インド中心部のラージャグリハ（王舎城(おうしゃじょう)）にも存在した。

ところで、ヴァジュラ・パーニは、ヴァジュラ（金剛杵）を武器としている。ヴァジュラといえば、例のヴェーダの代表的な神であるインドラ（帝釈天(たいしゃくてん)）の武器として有名である（『仏教語源散策』一一七ページ参照）。そこで、ヴァジュラ・パーニは、インドラの異名ではないかという疑問が当然出てくる。ヴァジュラ・パーニは、パーリ語ではヴァジラ・パーニ（Vajira-pāṇi）であるが、高名な大註釈家ブッダ・ゴーサ（五世紀初）は、インドラ（パーリ語 Sakka）のことであると言明した。そして、セイロンの伝承によれば、それはインドラと同じくアスラ（阿修羅）たちの征服者である。そこで、このように想定できるのではないか。すなわち、ヴァジュラ・パーニという神格は、ヴェーダの戦士インドラ神のイメージが仏教に取り入れられて、釈尊を護衛する神（ヤクシャ、グヒヤカ）とされたものであると。

大乗仏教徒の中には、ヴァジュラ・パーニを菩薩（金剛手菩薩）とみなす者も現れ、さらにまた密教経典の中では、それは普賢菩薩や金剛薩埵と同一視されるに至った。密教曼荼羅中において、それは須弥山の北の中腹に位置し、右足で大自在天（シヴァ神）を、左足でシヴァ神妃ウマーを押しつぶしている。

さて、先に密迹金剛（グヒヤカ・ヴァジュラ・パーニ）は金剛力士に他ならないということを述べた。それでは那羅延金剛とは何か？　那羅延はサンスクリット語ナーラーヤナ（Nārāyaṇa）の音訳である。ナーラーヤナはもともと原人ナラ（Nara）の息子という意味であるが、ヒンズー教では一般にヴィシュヌ神と同一視される。それが仏教に取り入れられて仏教の守護神の一つとされるようになったのである。だから本来、インドラ神のイメージに由来する金剛力士（ヴァジュラ・パーニ）とは別の神格であった。

ところで、金剛力士に、密迹金剛と那羅延金剛との二種類があると誤解してはならない。ところで、仁王（二王）とはいったい何を指すのか？　金剛力士のことだというなら、同一のヴァジュラ・パーニの二つの姿を像にしたものであるということになろう。また、密迹金剛と那羅延金剛のことだというなら、ヴァジュラ・パーニとナーラーヤナという別個の神格を像にしたものであるということになる。どちらが正しいのか？　しかし、おそらくそう問うのはまちがっている。仁王の像を造った仏師たちは、それぞれの信ずる諸説に従って彼等のイメージを作品にしたのである。仁王の像は仁王の像であると認めるよりしかたあるまい。

（上村勝彦）

聖天

浅草観音裏から言問通りを隅田川の方へ進み、言問橋の手前を左に入ると、待乳山の聖天様である。聖天のお堂は小高い丘の上にあるから、付近まで行くと一目でその位置がわかる。その付近の町名は聖天町と名づけられた。お堂の上に登ると隅田川が一望のもとに見渡せるので、景色でも眺めながら半時ほど境内にたたずんでごらんになるとよい。水商売らしい女性が参拝に来るのを見出すことであろう。聖天は財宝、和合の神とされ、とりわけ水商売の人の信仰を集めているのである。

聖天は、大聖歓喜自在天、大聖歓喜天、歓喜天、天尊とも呼ばれている。その形像は象頭人身であり、男天と女天が抱擁している像もある。そこから夫婦和合、子授けの神として信仰されている。

聖天は、もともとガネーシャ（Gaṇeśa）あるいはガナパティ（Gaṇapati）と呼ばれるインドの神であった。ガネーシャもガナパティも、いずれも群（ガナ）の主（イーシャ、パティ）という意味であり、大自在天シヴァ神に仕える神群の長のことである。

ところでこのガネーシャは、実はシヴァ神とその妃パールヴァティーとの間に生まれた息子なのである。韋駄天、すなわち軍神スカンダ（カールッティケーヤ）もシヴァ神とパールヴァティーの子である（『仏教語源散策』参照）から、ガネーシャとスカンダは兄弟であるということになる。シヴァ神は息子のガネーシャを、彼に仕える眷属の群の長に任命したのであった。

ガネーシャはなぜ象面をしているのであろうか？　その原因については種々の神話がある。

シヴァ神は牡象の姿をとって、牝象の姿をとったパールヴァティーと合歓した。だから象面の息子が生まれたという。男天と女天が抱擁している歓喜天の像は、もしかすると、この象に変身したシヴァとパールヴァティーの性を享受する姿をモデルにしたものかもしれない。もしそうだとすると、聖天はヒンズー教のガネーシャに相当するという定説はくずれ、その原型はシヴァ神か、あるいはシヴァとパールヴァティーのミトゥナ像にあるのかもしれない。歓喜自在天と、「自在天」がつくのもシヴァ神（大自在天）を思わせる。もっとも、この説はあくまで筆者の想像にすぎないのだが……。

また、ガネーシャは土星を見つめたためにその頭が焼け落ち、その代わりに象頭をつけたともいわれる。あるいは、パールヴァティーの部屋に入るのを彼に妨害されたシヴァ神が怒って彼の頭を切り落したが、その代わりに象の頭をつけてやったのだともいわれている。

ガネーシャの妻は二人いて、シッディ（成就）とブッディ（知恵）と呼ばれている。ガネーシャとスカンダは、どちらが先に結婚するか競争した。シヴァとパールヴァティーは、先に世界一周をした方を最初に結婚さすといった。スカンダはさっそくその乗り物である孔雀（くじゃく）に乗って世界をまわり始めたが、ガネーシャはただ両親の周囲をまわっただけであった。わけをきかれて彼は、全世界はシヴァとパールヴァティーの中に存するからと答えたものだ。そこで両親は感心して彼を先に結婚させたという。

ガネーシャはありとあらゆる障害を取り除く力をそなえているとされ、そのために「障害を除く主」(Vighneśvara Vighnarāja) と呼ばれている。その他、「導くもの」(Vināyaka)、「太鼓腹をしたもの」(Lambodara)、「一牙を持つもの」(Ekadanta) などとも呼ばれる。

ガネーシャはスブラフマニヤ（スカンダ）とともに特に南インドで尊崇され、ガネーシャ・プージャーなる祭礼が行われる。

追記——シヴァの第一の従者として、ナンディン (Nandin) あるいはナンディケーシュヴァラ（Nandikeśvara）という名が知られている。ナンディケーシュヴァラはナンディカ（nandika 歓喜）＋イーシュヴァラ（√śvara 自在天）だから、歓喜自在天と訳し得る。ただし偶然の一致かもしれない。ナンディケーシュヴァラは、性愛（カーマ）の最初の教師として知られている。

（上村勝彦）

愛染

先日、田中絹代さんが亡くなり、テレビのニュースで往年の超ヒット映画である「愛染かつら」の一シーンを放映して彼女を悼んでいた。映画「愛染かつら」の題名の由来は、谷中永法寺の愛染堂の前にある桂の木に由来するのだそうである。恋人どうしがその木につかまって誓いを立てると、その愛はいつかは必ず成就するのだそうで、「愛染かつら」のヒーローとヒロインも、もちろんそのように誓いを立て、愛染明王の加護のせいか、いろいろ困難のすえ結ばれる。

この話が示す通り、愛染明王は愛の神であり、女性の幸福と美しさを護る。それが転じて、封建時代には芸者やおいらんの守り神となった。私の友人のO君の父上が住職をしておられる四天王寺愛染堂のお祭りには、大阪中の芸者さんが参詣するそうである。

愛染明王の典拠は『瑜祇経』、すなわち、金剛智（六七一―七四一）が訳した『金剛峰楼閣一切瑜伽瑜祇経』（『大正大蔵経』十八巻）の愛染王品のみであるので、そして、ふつういわれるこの神の梵名ラーガ・ラージャ（Rāga-rāja）が既知の梵語文献には見られない、といって、この神が、後代インド以外の土地で成立したと想像する人がいるが、それはゆきすぎであろう。私は、この神の成立は、まさにインド密教の展開の当然の帰結であると考えている。ラーガ・ラージャという語も現段階では、いちがいに否定し去るわけにはいかない。いやしくも学者である以上、定説を疑ってかかるのは当然のことであるが、その場合、定説を覆すべき自説の方を、もっと疑ってからでないと、あとでばつの悪いことになってしまう。

ラーガ（rāga）は、貪瞋痴（「愚癡」の項参照）というときの貪、すなわち貪欲のことであるが、これは、「染められる」「執着せしめられる」「魅せられる」という意味のランジュ（√rañj）という語根に由来する語で、染めること、色、殊に赤色、愛欲、愛着、愛らしさ、などの意味をもっている。これらは、まさに愛染明王の特色を物語っている。

愛欲の色は赤である。『瑜祇経』に説くところによるなら、愛染王は、身の色は太陽のごとく真赤であって赤き日輪を背にしている。三眼にして忿怒眼、髻に師子冠を頂き、その上に五鈷鉤を安置し、五色の華髻を垂れて天帯が耳を覆っている。彼は六臂であるが、左第一手に鈴、右に五峯杵、左第二手に金剛弓、右に金剛箭をとって

「能く大染法を成し」、左第三手は腰に、右手に蓮華をとって打つ姿勢を示す。

図によっては、天弓愛染明王といって、天に向かって弓を引く姿のものもあるが、この弓箭は、ただちにわれわれにギリシアのエロース、ローマ神話のキューピッドとも関連のある愛神カーマを想い起こさせる。カーマ神の花の箭で心臓を射られた者は、その箭を抜くことはできず、愛の苦しみに呻吟する。しかし、愛染明王の箭は「能く大染法を成す」のである。大染（マハーラーガ mahārāga）は彼の異名である。『瑜祇経』第二品にみえる一切如来金剛最勝王義理堅固染愛王心真言は、

オーム・マハーラーガ・ヴァジュラウシュニーシャ・ヴァジュラサットヴァ・ジャハ・フーム・ヴァン・ホーホ（オーム、大染愛よ、金剛頂髻あるものよ、金剛薩埵よ、ジャク、ウン、バン、コク）

である。愛染明王は大いなる愛欲である。彼は大日如来の法嗣であり、かつ大日如来そのものとも考えられる密教における最高の人格、金剛薩埵に他ならない。有名な『理趣経』に「大欲得清浄」という句があるが、これも、もちろんマハーラーガである。

『ヘーヴァジュラ・タントラ』に「神々、人間はもちろんのこと、汚物の中にうごめく糞虫ですらその本性は快楽を求めるものである」（HV. II. iv. 73, 74）という意味の

文句があるが、これを私は、タントラ仏教の人間観の神髄を表現したものと理解している。この世に存するすべてのものに内在し、それらを駆って快楽を追求せしめる宇宙的衝動力、それこそまさに、大いなる愛欲（マハーラーガ mahārāga）、すなわち、宇宙に唯一普遍なる絶対者、大日如来（のある一面）の表現に他ならない。

われわれのうちに在るのは、もちろん、愚かな、卑俗な愛欲の心にすぎない。しかし、それも他面では絶対者の力の反映なのであろう。われわれ自身のうちの愛欲を見つめ、それに根拠を置いてはじめてわれわれは宇宙的大愛欲に感応し、それに合一し、結果として清浄になることができる、と彼らは考えたものであろう。

最後に、一つ補足しておくが、それは、さきの『瑜祇経』愛染王品に説かれる一字心明である。漢字音写では、「吽引吒枳吽引惹入声」、悉曇（しったん）文字の方は、「フーム・タキ・フーム・ジャハ」（hūṁ ṭaki hūṁ jjaḥ）と読める。この ṭaki は、誰あらん、『秘密集会タントラ』の聖者流の生起次第たる『略集次第』に出てくるタッキラージャ（Ṭakki-rāja）のことであろう。この部分のチベット訳を見ると hdod pahi rgyal po（愛染王）となっている。すると愛染明王の原語は、タッキラージャ（Ṭakki-rāja あるいは Ṭakirāja）である可能性も出てこよう。

（津田真一）

吉祥天

吉祥天の原語は、一般にサンスクリット語シュリー・マハー・デーヴィー(Śrī-mahā-devī)、あるいはマハー・シュリー(Mahā-śrī)であるとされる。マハー・シュリーは摩訶室利と音訳された。その他、室唎天女、吉祥天女、吉祥功徳天、功徳天、宝蔵天女などという異名をもつ。ところで「シュリー」は幸運を意味し、擬人化されて幸運の女神ラクシュミー(Lakṣmī)の異名とされる。つまり、幸運の女神は、ラクシュミー、シュリー、シュリー・ラクシュミー、シュリー・デーヴィー(「デーヴィー」は女神という意味)などと呼ばれる。あるいは、単にデーヴィー、マハー・デーヴィーとも呼ばれる。

仏教、特に密教においては、吉祥天は父を徳叉迦、母を鬼子母とし、毘沙門天の妃であるとみなされる。しかし、それは仏教内で第二義的にでっちあげられた伝説であるから、ここではあくまで吉祥天の原形であるシュリー＝ラクシュミー女神の神話を散策するにとどめる。

ヒンズー教では、ラクシュミーはヴィシュヌ神の妃である。一般に、梵天（ぼんてん）の子であるブリグ仙と、その妻キャーティの間に生まれたとされる。太古、神々はドゥルヴァーサス仙の呪詛（じゅそ）により苦しみ、インドラ（帝釈天）もその威光を失い、天界から出る。ラクシュミーも天界を離れ乳海（にゅうかい）に隠れる。乳海というのは、かつてアムリタ（甘露）を飲みすぎた梵天が吐き出した巨大な牛の乳が大海に集められ、その海が乳海と呼ばれたものである。一説によると、ラクシュミーはすぐに乳海に入ったのではなく、ヴァイクンタにいるヴィシュヌ神のところへ行ったともいう。

いずれにせよ、吉祥の女神に去られて神々は大いに困窮し、梵天に援助を求めるがラチがあかず、ついにヴィシュヌ神に要請する。ヴィシュヌの提唱により神々はマンダラ山を攪拌（かくはん）棒にしてそれに大蛇ヴァースキをまきつけ、阿修羅たちと共に左右からひっぱり、乳海を攪拌した（『仏教語源散策』参照）。すると、美と富と繁栄の女神ラクシュミーが、十四の尊いものの一つとして乳海から出現したのである。そのため、ラクシュミーは「乳海の娘」と呼ばれる。あるいは「大海から生じた女」とも呼ばれるのである。こうしてラクシュミーはヴィシュヌの妃となり、神々は失った富と繁栄を取り戻す。

ヴィシュヌ神は、さまざまな姿をとってこの世に降臨する。これをヴィシュヌのアヴァターラ（avatāra）という。そこで、その妃ラクシュミーも、ヴィシュヌの姿に応じていろいろな形態をとる。例えば、ヴィシュヌが太陽の姿を現じたとき、ラクシュミーは蓮華から生じ、ヴィシュヌがパラシュラーマという姿をとったときには、ラクシュミーは大地となり、ヴィシュヌがラーマになったときには、ラクシュミーはその妃シーターとなる。ヴィシュヌが聖クリシュナとなったとき、ラクシュミーは牧女ラーダー、あるいはクリシュナの妻ルクミニーとなる。このルクミニーが、シヴァ神に身体を燃やされた愛神カーマの体現者プラドゥユムナを生むので、ラクシュミーはカーマの母とみなされることもある。

また、叙事詩の中には、ラクシュミーが富の神クベーラ（毘沙門天）の宮廷に滞在する個所があり、そんなことから毘沙門天の妃と誤解されたのではないか？ラクシュミーはヴィシュヌ神の貞節な妻であるが、一般に幸運の女神は浮気女に喩えられる。けだし幸運は移ろいやすいもので、訪れたかと思うと束の間に去って行くものである。

（上村勝彦）

摩利支天（まりしてん）

摩利支は、サンスクリット語マリーチ（marīci）の音訳である。また、摩里支、末利支とも音訳される。マリーチとはもともと「光線」を意味した。だから、マリーチ・マーリン（marīci-mālin）というと「光線の環（わ）をもつもの」、すなわち太陽を意味する。マリーチはまた、「蜃気楼（しんきろう）」あるいは「陽炎（かげろう）」を意味する。以上よりして、マリーチは「光」、「炎」、「焔」、「陽焔」、「陽燄」、「陽炎」などと漢訳された。面白いことに、「野馬」、「鹿渇」と訳された例もあり、蜃気楼の特徴を示している。

『摩利支天陀羅尼経（だらにきょう）』（『大正大蔵経』二十一巻二六一ページ下段）に、「その時、世尊は諸比丘に告ぐ。摩利支天という天あり。常に日月の前を行く。彼の摩利支天を人よく知ることとなく、人よく捉えることとなし　云々（うんぬん）」という記述があるが、これによっても摩利支天が光線、陽炎を神格化したものであることがよくうかがえる。同様の記述は、『摩利支天菩薩陀羅尼経』（『大正大蔵経』二十一巻二五九ページ下段）、『摩利支天経』（同二十一巻二六〇ページ中段）、『大摩里支菩薩経』（同二十一巻二六二ページ上段）などにも見られる。

摩利支天は一切の災禍を除き利益を増すとして民衆の信仰を集めたが、わが国においては特に武士の間で崇拝され、その守本尊とされた。そして、この天を本尊として、護身、得財、隠身、勝利などを祈る摩利支天法も盛んに行われた。

摩利支天の像は三面八臂（あるいは六臂）で、猪（いのしし）に乗っている。三面のうち正面は菩薩面、左面は忿怒面（ふんぬめん）、右面は童女面をとるが、三面とも柔和な表情をしている場合もある。全体としてその作像法は天女像に似ているとされるが、それでは摩利支天は女神なのであろうか？

インド神話では、マリーチはブラフマー（梵天）の意から生じた六人の大仙人の一人であるとされるから、男性とみなされたわけである。

彼はその妻カラーとの間に、有名なカシュヤパ仙（Kaśyapa-prajāpati）をもうけた。カシュヤパは一切の生類の祖となった。マリーチは、カラーの他にも、ウールナー、サンブーティ、ダルマヴラターなど数名の妻をもっていた。このうち、ダルマヴラターはダルマ・デーヴァの娘であった。マリーチは彼女とともに幸福に暮らしていたが、あるとき、彼は外出から疲れて帰り、妻にマッサージしてもらっているうちに眠りこんでしまった。そのとき、マリーチの父である梵天がそこにやってきた。ダルマヴラターは立ち上って梵天をもてなしたが、その間にマリーチが目をさまし、その場に妻のいないのを見て怒り、「石になってしまえ」と彼女を呪った。ダルマヴラターはマリーチと別れ、火の中で苦行を行った。そこにヴィシュヌ神が現れ、何でも望みをかなえてやると告げた。彼女は夫の呪いが解けるようにと願ったが、ヴィシュヌは「呪いをかけたのがマリーチでは、呪いを解くことはできない。汝は聖なる石となるであろう。その石はデーヴァ・ヴラターあるいはデーヴァ・シラー（神の岩）という名のもとに有名になり、梵天、ヴィシュヌ神、シヴァ神、ラクシュミー女神などがその石に住まうことであろう」と告げて姿を消した。その後、ダルマ・デーヴァがこの神聖な石を悪魔ガヤの身体の上にのせ、その地は聖地ガヤーと呼ばれるようになったという。

梵天の子であるマリーチ仙のほかに、マリーチという名の天女が知られている。この天女マリーチのイメージが混入して、摩利支天像が天女の姿で表されるようになったのであろうか？

（上村勝彦）

茶吉尼天

私事で恐縮だが、愚妻は『ミセス』という雑誌を愛読している。先日、何の気なしにそれをひろい読みしていて、連載中の瀬戸内晴美さんの『平家物語』の中で、面白い事実を再発見した。すなわち、タントラ仏教理解の上で大変重要な、ダーキニーの記事が出てくるのである。昔、『平家』を読んだ頃は、問題意識がなかったから、気づくはずもなかったのである。

茶枳尼天の秘法を修して霊験世に聞こえた立川流の大成者文観上人が、後醍醐天皇の非常な帰依を受けたことはよく知られているが、『平家物語』の茶枳尼の記事はそれよりも百六十年ほど早いわけで、年代的にも注目される。

それは「鹿谷の章」に出てくるのであるが、いうまでもなく、鹿谷の俊寛僧都の山荘における対平家クーデターの謀議の主謀者の一人、新大納言藤原成親に関してのことである。彼はその当時、分不相応な左大将の位を望んで、いろいろ祈願をしたのであるが、そのたびに凶兆が現れる。彼はそれでもあきらめず、ついに茶枳尼に願をかけるのである。瀬戸内さんの美しい文章をそのまま引こう。

「それでもまだ成親はあきらめきれず、今度はこの御宝殿の背後の杉のほら穴に僧をこもらせ、拏幾爾という密教の邪法を百日間行わせた。

この邪法のたたりで、ある日、雷が大杉に落ち、危うく社殿が全焼しそうになった。

僧は百日の行の七十五日めだから満行まではどうしても動かないとがんばるので、宣旨によって神官たちはこの僧を白杖でうち据え、一条大路から追払ってしまった。」（『ミセス』七七年六月号）

ただし、瀬戸内さんが拏幾爾を行法の名と考えたのはちょっと違うようである。原典では「拏吉尼の法を百日行はせられけるほどに」（岩波文庫、七五ページ）となっている。市古貞次校訂の『日本古典文学全集』（小学館）でも『拏吉尼』であり、元和版では「吒幾爾」であると註記されている。いずれにせよ、原語はダーキニー(ḍākinī) である。

ダーキニーというのは、中世ヨーロッパの魔女にも比すべき、幻力を有する恐ろしい鬼女であって、人に危害を加えるが、しかるべき方法でなだめ、崇めるなら、その人に対し、財福や超自然的な能力を授けてくれる。場合によってヨーギニー（瑜伽女）と呼ばれることもある。そのチベット訳語が「空行母」であることからみて、空を飛ぶこともできたらしい。ただし、私は文献の上でダーキニーが空を飛んでいる例はまだ見たことがない。

文献に出てくるダーキニーの典型的な姿を紹介するなら、まず彼女は人骨片をつづり合わせた腰帯をまとっただけの裸体であり、髪はほどけ、三眼で、牙をむき出した口から血をしたたらせ、人間の生首をつなぎ合わせた首かざりをしている。右手には刀を持ち、左腕にはカトバーンガ杖という髑髏のかざりのついた棍棒をかい込み、手に血のいっぱい入ったカパーラ、つまり髑髏盃（「瓦」の項参照）を持っている。

彼女らは、ある特定の地方において、その地域に固定された秘密の宗教集団を形成していた。この集団をダーキニー・ジャーラという。ジャーラとは、網とかグループという意味の語である。彼女らは日を定めて夜間に、尸林、すなわち、森林の奥の死体を遺棄したり焼いたりする場所に集って、ヘールカという恐ろしい神を囲んで、音楽を奏し、酒をのんだり肉（時には人肉をも）を喰ったりの狂宴をくりひろげる。まさにインド版「バッコスの巫女たち」といったところである。このヘールカ神は形態的にシヴァ神と酷似し、このダーキニーの集団が末端においてシヴァ教の同じようなグループと重なり合っていたことをうかがわせる。

このダーキニーたちの饗宴(きょうえん)のクライマックスをなすものは、彼女らと、そのお相手をつとめる男性修行者たち（彼らはダーカとか瑜伽(ゆが)者と呼ばれる）との性行為である。彼女らと瑜伽する、つまり性的に合一することによって、彼らはこの世ならぬ至高の快楽の状態を経験するのであるが、これが「大楽」であって、菩提（さとり）の境地に他ならない。また、ダーキニーは般若（さとりの智慧）に他ならないとされる。般若に抱擁されれば、菩提が実現する道理である。これが彼らの宗教理想なのであるが、それがサンヴァラ（最勝楽）である。

このようなダーキニーたちのグループにその基盤を置き、サンヴァラを究極目的とする宗教をわれわれは「サンヴァラ系密教」と称するのであるが、これは「怛特羅」の項で述べた通り、無上瑜伽タントラのうちの般若・母タントラに属する。私はこの「サンヴァラ密教」をインド密教の登りつめたピークと考えている。これがわかればインド密教全体がわかるのであるが、そのためには何よりもダーキニーたちのグループの実態が解明されねばならない。ダーキニーはまさにインド密教理解のカギなのである。

このような後期の密教は日本には伝わらなかった。いやむしろ、その内容の危険性のため意識的に拒否されたのである。しかし、何らかの裏ルートを通じて、十全の形でその本質が理解されていたのではないにしても、ダーキニーの宗教が日本に入ってきていたことは確かである。上述の『平家物語』の記事など、その痕跡のよい例であろう。

もう一つ蛇足を加えるなら、ダーキニーが狐つきの元締めとされたことから、やはり狐を使者とするお稲荷さまと同一視されるようになったらしい。有名な豊川稲荷の御神体はダーキニーであるとの説もあるくらいである。私の家の庭にはお稲荷様が祀ってある。私が生まれたとき、父が京都伏見稲荷に使者を立てて、分社してもらったのである。すると、ダーキニーを研究している私が、はからずも四十年来ダーキニーに守られていたことになる。不思議な因縁と思い、例年二の午の日に来てお祭をしてくださる神主さんに伺ってみたら、「いや、後代の俗説です」と、一言のもとに否定された。

（津田真一）

大黒

私がお世話になっている東方学院は神田明神下にある。

神田明神では、最近りっぱな楼門が完成し、同時に境内左手に御影石の巨大な大黒さまの像ができ、福徳祭というお祭りが行われるようになった。五月の頃だったか、境内に入ったら、ちょうどそのお祭りで、スピーカーが「大きな袋を肩にかけ、大国さまが来かかると」と因幡の白兎の童謡を流していた。大黒さまは、くくり頭巾をかぶり、左肩に大きな袋をかけ、右手に打出の小槌を持ち、米俵にのっている。まさに福徳神である。そして、大国主命と同一視される。

さて、『南海寄帰内法伝』四巻は、シナの僧義浄三蔵（六三五―七一三）が六七一年にインドに入り、各地に遊学して見聞した当時の僧院の生活を書きとめたものであるが、その巻一「受斉軌則」、つまり食事作法のところにこの大黒神の記述が見える（『大正大蔵経』五十四巻二〇九ページ中段）のである。

「又復た西方諸大寺処には咸な食厨の柱側に於て、或は大庫の門前に在て木を彫りて形を表す、或は二尺三尺にして神主の状を為す。坐して金嚢を把り、却って小牀に踞し、一脚を地に垂る。毎に油を将て拭ひ、黒色を形と為す。号して莫訶哥羅と曰ふ、即ち大黒神なり。古代相承して云はく、是は大天の部属なり。性三宝を愛し、五衆を護持して損耗なからしめ、求むる者は情に称ふと。」

この記事が根拠になって、以後、各寺院で台所に大黒神を祀る習慣ができたのである、とされる。大黒神の福徳神、厨神としての一面を示す。またこの面から、後世、僧侶の妻を大黒と呼ぶようになった。世間をはばかって、大黒さまのようにいつも台所にいるからであるという。梵妻と書いてダイコクと読むこともある。バラモンの妻という意味であろうが、インドにおいては、バラモンは家住期には必ず結婚して家庭生活を営み、子弟を育てて、ヴェーダの祭祀が絶えないようにする必要があったから妻がいるのは当然であった。僧侶の妻としての大黒は、辛辣でひがみっぽい江戸庶民のからかいの絶好の対象だったらしく、多くの川柳や滑稽譚が残っている。

話を前にもどすと、義浄がインドで見た厨神はマハーカーラ（Mahākāla）といい、大天の眷属であり、仏法を愛し、僧侶たちを守護する福徳神とされている。大天とは、偉大なる神という意味であるが、ことに大自在天、すなわち、ヒンズー教最大の神であるシヴァ神のことである。義浄は大黒天をシヴァの眷属としているが、実はマハーカーラはシヴァ神の別名の一つである。シヴァ神は、恩寵を与える神と、世界を破壊する神・死の神という相矛盾する二つの面をもっているが、マハーカーラは後者、破壊者、死の神としての面を示すものである。カーラ（Kāla）という語には、黒いという意味と、時間、死という意味がある。シヴァ神の身体の色は黒い（青黒い）から、マハーカーラで「偉大なる黒き神」、大黒天であるが、他方彼は「偉大なる時間」である。時間はその経過にともない、すべてのものを破壊する。時間とは死なのである。マハーカーラは、この意味で「偉大なる世界の破壊者」「偉大なる死の神」なのである。

元来、ヒンズー教では、梵天（ブラフマー）とヴィシュヌ神とシヴァ神を三大神として崇め、それぞれ、世界の創造と維持と破壊を司る神と考えた。だから、ヴィシュヌ神が常に温和な恵みぶかい神であるのに対し、シヴァ神には、シヴァ（siva めでたきもの）という名に示される明るい面とうらはらに、常に、暗い、不吉な、死の雰囲気がつきまとっているのである。なかなか江戸っ子風情にからかわれて黙っているような、なまやさしいしろものではないのである。

この恐ろしい大黒天は、すでに現図胎蔵界曼荼羅の外金剛部の左方第三位にその姿を現している。それによると、この神は、身体の色黒く、髪の毛は火焰の如くに逆立ち、激しい怒りの形相を示し、三面六臂である。三面のうちの中央の顔は三眼、左右は二眼である。右の前手に剣をとってひざの上に横たえ、左前手でその先を握る。右下方の手は合掌してひざまずく姿の人間の頭髪を握り、左手は白い羊の角をつかんでいる。左右の後手は、背後に象の皮をひろげて披ぐようにする。瓔珞は髑髏を貫き、蛇を臂釧とする。

慧琳が七八三年から八〇七年の間に集めた一種の字典である『一切経音義』、すなわち『慧琳音義』第十（『大正大蔵経』五十四巻三六六ページ中段）に摩訶迦羅の項があるが、そこでは、八臂であり、目立った特徴として、「左第三手執掲吒冈迦梵語也是一髑髏幢也」とあるごとく、シヴァ神の標幟であるカトバーンガ杖すなわち、髑髏をつけた杖を持っている。

胎蔵界大曼荼羅は、『大日経』具縁品に従って画かれるのであるが、善無畏三蔵（六三七―七三五）が開元十三年（七二五）に『大日経』を翻訳しながら、その内容を解説して一行禅師に口授した『大日経疏』二十巻のなかに、例のダーキニー（「荼吉尼天」の項参照）を降伏するために大日如来がこの大黒神を化作したことが述べられている（『大正大蔵経』三十九巻六八七ページ中段）。

大黒神は灰を身体に塗り、曠野の中にあって、術をもって一切の神通力を達成し、自由自在に空を飛び、水の上を歩くことのできる荼吉尼たちをことごとく招集して、呵責（かしゃく）する。「お前らはいつも人を噉（くら）っているから、今度はわしがお前らを食ってやる」といって彼女らを呑（の）み込み、降参させる。

また『神愷記』という大黒天神法には、この神は尸林（しりん）（死体遺棄場あるいは火葬場）に住し、隠形（おんぎょう）、飛行等の術に長じ、生きている人の肉を喰うとされるが、私はこの書をまだ見ていない。その他、大黒天に関する資料は多いが、尸林に住み、黒い身体に死体を焼いた灰を塗り、髑髏を毒蛇で貫いて首飾りとし、カトバーンガ杖を持つなど、いずれもシヴァ神の姿を髣髴（ほうふつ）させる。

また、『大日経疏』の、大黒神が荼吉尼を降伏した話であるが、荼吉尼たちの首魁（しゅかい）はヴァイラヴァ（暴悪）神といって、これもシヴァ神の一面を示すおそろしい神である。すると、守るも攻めるもシヴァ神ということになるが、このヴァイラヴァの仏教版こそ、後期インド密教の中心をなすサンヴァラ系密教の主神ヘールカなのである。大黒神を通じての荼吉尼の集団との接触、そして、彼女らの主領ヴァイラヴァ神とヘールカとの類似、ないし同一という事実は、七世紀末から八世紀のシヴァ教と仏教との末端における接触と融合を暗示して、まことに興味深いものがある。

（津田真一）

VI 禅

仏教が漢民族に摂取同化されて、すっかり民族的なものになったところに「禅」が成立した。「禅」とはサンスクリットのディヤーナ（dhyāna 内観、瞑想の意）が俗語でジャーナ（jhāna）となり、最後の母音の落ちたジャーンを音写した語である。それを特に重要視し、実践する人びとが禅宗を形成した。

禅宗とは、坐禅を実践して人間の心の本性・根源を明らかにしてさとりを開こうとする宗派である。もとはインドのヨーガの実践を受けているが、現在インドに伝わっているヨーガ派とははっきりした区別がある。

（1）ヨーガ派では最高の神を念ずるが、禅ではそのようなことがない。

（2）ヨーガ派では曲芸のようなむずかしい姿勢を示すが、禅では足を組んで坐す結跏趺坐または半跏趺坐に限られている。

（3）ヨーガ派では特殊な形而上学体系を述べるが、禅では形而上学的な論議をしない。

（4）ヨーガ派では種々の神通力を現ずることを説くが、禅では不可思議なことを説かない。

だから、インド一般のヨーガが仏教に取り入れられ、それが純化されて仏教の禅になったといえよう。

しかし禅は所詮東アジア諸国（中国、ヴェトナム、朝鮮、日本など）のものであって、南アジアの仏教諸国の精神統一とは異なっている。
（1）禅では坐禅の姿勢をやかましくいうが、南アジアでは姿勢にこだわらない。後ろの壁によりかかっていてもかまわない。
（2）禅では警策（曹洞宗では「きょうさく」、臨済宗では「けいさく」）でピシャッと肩を打つが、南アジアではそれをやらない。
禅は東アジア独特のものであり、禅語は日本人のなかにあまねく行きわたっている。
（中村　元）

達磨（だるま）

　達磨というと、縁日などで売っている縁起もののダルマを思い浮かべる人が多いであろう。あのダルマは倒してもすぐに起き上がるように作られていて、決して倒れたままでいることはない（七転八起）から、ダルマを置いておけば仕事に挫折（ざせつ）することがないとされ、商売繁盛、開運出世の縁起物として民衆の人気を集めているのである。おきあがりこぼうし（不倒翁）という玩具があるが、ダルマ人形の底におもりをつけたものである。

　それにしても、ダルマはわが国において、絶大な人気を保ちつづけてきた。われわれはダルマに形状や性質の似ているものを、すぐに「ダルマ……」と名づける。中には悪い意味で用いられる場合もあるが、たいていは親しみをこめて「ダルマ」と呼ぶのである。例えばある会社のウイスキーは、その形が似ていることから、いつしか「ダルマ」という愛称で呼ばれるようになった。

　さて、ダルマは中国禅宗の開祖といわれる菩提（ぼだい）達磨（ボーディ・ダルマ Bodhidharma

五二八年頃没、「達摩」とも書く）の坐像をモデルにしたものである。菩提達磨は南インドの禅僧で、六世紀のはじめに海路中国に入り、各地で禅を教えたといわれる。菩提達磨に関する伝説はすべて信用にあたいするものではなく、その生涯は謎につつまれている。

伝説によれば、彼は洛陽東方の嵩山の少林寺で、壁に向かって九年間坐禅していた（面壁九年）とされる。そして一説ではその間に手足が腐ってしまって手足のないダルマができたといわれている。

ところで、これは達磨禅師自身とは関係のないことではあるが、菩提達磨という名前自体、さらにその語源をさかのぼることができる。菩提というのはサンスクリット語ボーディ（bodhi）の音訳である。ボーディは動詞語根ブドゥフ（√budh 目覚める）の派生語であり、迷いを断ち切って得られたさとりの智慧、あるいは涅槃のことである。俗に冥福の意味に用いられ、「菩提を弔う」などと表現する。

また、達磨はサンスクリット語ダルマ（dharma）の音訳である。ダルマは動詞語根ドゥフリ（√dhṛ 担う・保つ）からできた名詞で、「法」と漢訳された。だが、この「法」という訳が実は曲者なのである。ダルマは元来「人間の行為を保つもの」という意味であるとされるが、行為の規範、社会的・宗教的な義務、ものごとの道理、真理、性質、事象……などというようなさまざまな意味で用いられた。それを漢訳仏典ではすべて「法」と訳してしまった。さらに、中国仏教の思想家もいろいろな意味で「法」という言葉を用い、いよいよ何が何だかわけがわからなくなった。現代のインド学者であるわれわれも、便利であるので「法」という訳語をときどき用いてしまう。しかし、その場合場合に応じて、その文脈での意味をよく考えてみる必要がある。

（上村勝彦）

不立文字（ふりゅうもじ）

これは後に述べる以心伝心と並べて、「以心伝心・不立文字」と成句になっているもので、この成句は八世紀後半から九世紀前半にかけてできたものであるらしい。不立文字の「文字」は、語とか音節とかの意味もあるが、実は経典とか論書のことを指している。インドの仏教経典『楞伽経（りょうがきょう）』の漢訳に見る「文字」の原語はサンスクリット語アクシャラ（akṣara）である。ここでは文書という意味であるようだ。『楞伽経』が禅宗とは密接な関係をもち、中国の初期禅宗がこの経典を伝授しているところから、この経典中にある用語には特に注意しなければならない。この経典の漢訳本の中に見られる不堕文字、離文字などの訳語例はまさに不立文字に相当し、達磨（だるま）大師が不立文字を主張したのは、経論などの文書の意味をもつ文字の不立文字であったといえる。

不立文字は経典、論書などを否定した考えではなく、以心伝心を強調しようとしたがために不立文字を付説した。これが達磨の不立文字であった。

経典論書によりかから（立）ない、とどまら（立）ない、というのが不立文字の文字通りの意味である。これは、例えば、経典には確かに釈尊の教えが記されているけれども、それだけで釈尊の教えの真髄が理解され得るものでないことをいっている。人間は自己の体験を他人に伝達するには言葉を媒介としなければならないが、といって言葉ですべての体験内容を表現し尽せるわけではない。この場合、言葉そのものの意味のほかに、つまり言外の意味を相手に洞察し推察してもらい、理解してもらわなければならない。

経典そのものは、実は釈尊自ら執筆されたものではない。弟子たちが聞法した教えを記録したものである。特に大乗仏教の経典類、例えば『般若経』、『華厳経』、『法華経』、『維摩経』、『無量寿経』などは、直接に釈尊の説法を聞いた弟子たちの手になって成立したものではなく、大乗教徒が釈尊の精神を経典の形式を踏んで作製したものである。

原始仏教経典、例えば『法句経』や『経集』とかいわれる経典は、釈尊直々の説法を記録したものであるから、かなり、事実に近い内容のものであるけれども、大乗経典は、その点、作られた経典といえ、歴史的真実味は薄いといわなければならない。

釈尊の言葉は、シンサパの木葉の一葉にすぎないほど、ごく一部のものしか表現されていないといわれ、あとの数えきれないほどの分量の教法は凡夫の器量をもってしては理解できない領域といわなければならない。経典は言葉で書かれたものであるから、どうしても内容の表現には限界がある。その言葉が表現しようとする意味は、最後は実践的直観の力に頼らなければ理解できないのではないだろうか。仏のさとり、禅体験の世界は経典を超えるというか、経典のあまたの語義の領域を超出した先、あるいは奥にあるといえる。その世界に入り、自由自在に遊戯するには経典は邪魔になるのである。例えば、子どもが補助ぐるまつきの自転車で練習をはじめ、二輪で乗れるようになると補助ぐるまを取り除く。自由自在に乗れるようになった子どもの二輪の自転車に、再び補助ぐるまを安全だからといってつけてやると、こんどはまったくハンドルもとれなく、ペダルさえ踏めなくなる。読者も実験されるがよい。

　これと同じように究竟の体験の世界に遊戯するものにとっては、それまで補助ぐるまとしての重要な役割をなした経典が邪魔ものになる。禅でいう不立文字の意味は、このへんのところに感得されなければならない。

（田上太秀）

密語（みつご）

密と蜜とはちょっと見まちがいをするほど字形が似ている。例えば、般若波羅蜜多（はんにゃはらみた）と書くのが正しいが、般若波羅密多とまちがって書いてあるのに気づかないときがある。密と蜜とはよく似た字形であるから、まちがいのないようにしないと、密語というべきところが蜜語（みつご）となっていたら大変である。密語は内証（ないしょ）の言葉のことで、蜜語は男女の間で交わす甘い言葉のことであるから。

ちなみに、ないしょは内証、内證と書くが、一般には、だれにもいえない秘密のことをいう。実は、これも仏教語からきたもので、内証・内證というのは内面的さとり、内面的に真理を感得することである。別称自内証（じないしょう）ともいう。ある人の自内証を別の人が推し測ることは困難で、自分自身でさえ、自内証を他に教えることは至難である。まさに秘奥のことでないしょ（内証）である。

密語の密の意味に三種あって、秘密・綿密・親密をあげる。後の二つは特に禅宗で解釈する意味である。どちらかといえば、綿密・親密は相似した意味の語であるから、密は大きく分けて、秘密と親密ということになる。

一般には、密語とは秘密の言葉ということで、仏が真実を裏に隠して説いた言葉や教えの意味である。つまり、真実への導入として方便を使って示された言葉が密語である。仏が表現されようとする真実は言葉ではいい表せないものであるから、方便を駆使して何とかわからせようと教えているものが密語である。この意味からすれば、仏の言葉は、みな密語といえるかもしれない。一言一言が甚深（じんじん）の意味を包含している。

仏の真意を隠して表現しているものを、また仏意（ぶっち）という。あるいは密意（みっち）ともいう。仏のこころは秘密のヴェールに覆われており、その奥を窺知（きち）することは大変にむずかしい。凡夫の現前に示された言行だけをもって、仏の真意を知ることには、あまりにも誤解が多いといわなければならない。

密語といっても、仏意のすべてを顕（あらわ）さずその一部を隠す場合と、仏意は深遠で深密であるから凡夫のはかり知ることができない、とする場合の二つが考えられる。

禅宗では、密語を絶対的な奥義の言葉と解釈し、師と弟子とのさとりの授受、確認、即通が行われるときに、師から弟子に授けられる言葉を密語といっている。仏道、すなわちさとりが成就するときは、師と弟子、自己と他己が一体となり、つまり相対を超えた不二の境地、二面破裂の道理を密語という。また、親密の言葉が密語の意味である。『参同契（さんどうかい）』に「東西密相付」といい、『無関門』二三則には、仏祖が伝授する法は決して秘密なものではなく、自己の脚下（きゃくか）（汝の那辺（なんじなへん））にあるという。不二絶対の法が親密に語りつがれる。『禅源諸詮集都序・上』に「六代（達磨から慧能（えのう）まで）の師資は禅法を伝授してみな内に密語を授け、外に信衣を伝うと云い、衣と法と相資けて以て符印と為せし」と述べてある。この密語は甚深深奥の言葉で、師から弟子に密語と袈裟（けさ）を伝持して、仏法は正しく伝えられてきたといっている。密語はたんなる言葉という以上の内容とはたらきをもつものと禅宗では考えられた。

密語は凡夫のはかり知ることのできないものというところから、それを理解、会得することはむずかしい。『趙州録（じょうしゅうろく）』三一九則に密密意という言葉がある。これは密語にも仏意にも当たる。

ある尼僧が趙州老僧に対して、

「密密意とはどんなことをいうのですか。」

とたずねた。趙州は尼僧の手をとり、ぐっとにぎりしめた。すると尼僧が、

「老師さまにも、まだそんなお心がおありでしたか。」

趙州すかさず、

「君にこそ、その心があるのだよ。」

一体、なんの話でしょうね。

道元は密語の密は親密の道理であるといいきった。「すき間がない」という密である。そこには仏も凡夫も、汝も自分もない。すべてが密である。どこをとってみても密でないところはない。道元の言葉を借りながら説明すると、こうである。

迦葉尊者が釈尊の拈華（花を指でねじること）を見て微笑したときに、釈尊は仏法を迦葉に付属されたという逸話がある。道元はこの拈華と微笑は密であり密語であるという。拈華を見た弟子たちは多かった。しかしその密語を理解したものはなかった。拈華を理解しなかったものには、それは密語であったが、同じく迦葉にとっても密語であった。つまり、弟子たちにとっての密語は秘密の密語であった。迦葉にとっては親密の言葉としての密語であった。会通した、即通したものとしての密語であった。そこには覆蔵されているものはなにもない、すべて如実に顕現している、それを感得した。ここに世尊の密語の真意があると道元は教える。


（田上太秀）

以心伝心（いしんでんしん）

以心伝心の語句は、禅の宗旨をよく表現した有名なものである。と同時に日常会話の中でもよく使用されるものでもある。「心をもって心に伝える」と読むが、読んでも聞いてもなにかそのいわんとするところがわかるような気がする。対人関係において、このへんまでになるとりっぱなものである。

ところで、心とは一体どんなものだろうか。科学者は心の本体を知ろうとしているいろな実験を通して研究しているといわれる。心はどこにあり、どんな形をして、どんな色をして、どのようにしてあるのだろうか。どうも心の正体はわからない。

「眼は口ほどにものをいう」とよくいう。眼が実際に言葉を発するわけがない。だが眼を見てその人の考えていること、いいたいことが理解される。心がわかるのである。そのときの心は眼にあるのだろうか。そうであれば、心は丸いのか。黒いのか、白いのか。「私の心を信じてくれ」といって、相手に、その君の心はどこにあるのか、どんな形のものかなどとたずねられたら、どうするだろう。君の心の所在、形体、性質がわからなければ信ずるわけにはいかないといわれたら、これは大変なことである。ところが、私たちはこの正体不明の心を媒介にして生活し、喜怒哀楽の人生を送っている。こんな心をもって心に伝えるということは、一体何をいわんとするのだろうか。以心伝心の心とは、仏教的な解釈でいえば、人間のあるがままのすがたを指しているもので、実体的存在をいっているのではない。

禅宗に「不立文字・教外別伝」という有名な文句がある。不立文字とは、経典（文字）によりかから（立）ない、とどまら（立）ないという意味で、経典は熟読し熟学し尽すべきだが、それだけに頼り、すがっていては禅の教えは会得できないということである（「不立文字」の項参照）。教外別伝とは、経典（教）に書かれていないものを特別に伝授するのが禅であるという意味である。不立文字も教外別伝も経典を否定するものではないが、禅の真髄は経典の言内の内容を超えたところにあり、経典は真理への指標にすぎないというのである。禅の真髄はだから以心伝心である。

心とは人間のあるがままのすがたであると前に述べた。あるがままの自己が心といい換えてもよい。それは自然に仏の力によって生かされている自己である。法を伝授するということは、その自己をそのまま弟子に伝授するのである。弟子はそれを承受するに足る器でなければならない。大なるものを受けるには、それと同等かそれ以上の大なるものをもってしなければならない。師が弟子に心を伝える、法を授けるといっても、弟子が師と同等同一の器量になってくれなければ、すべてを伝授することはできない。師の器量と等同でなければ、弟子は心を受領することはできない。以心伝心とはまったく等同、一境、一体の境地において、つまり師と弟子とが、仏と仏、師と師という対等の立場で、仏から仏へ、師から師へと伝授、受領されるところをいう。唖者も、ものをいう道理がなければならない。でなければ唖者と語らうことはできない。仏のことは仏でなければ理解できない。師の自己には師でなければ肉迫できない。師から弟子へと禅の真髄が以心伝心することは、師から師（弟子）へと以心伝心することである。

自然に仏の力に生かされている師の自己が、師となり得た弟子の、仏の力に生かされている自己へとそのままあますところなく伝えられる。師と師との関係であるから、実はここには伝授の関係はないといわなければならないだろう。

（田上太秀）

一大事(いちだいじ)

「一大事！　一大事！」と叫んで一心太助(いっしんたすけ)が大久保彦左衛門(おおくぼひこざえもん)邸へ駆(か)け込む。「なにごとだ、そんなにせきこんで……」と彦左衛門がいうと、「実はコレコレシカジカ……」と事情の説明をする。芝居や映画、テレビでおなじみのものである。「すわ一大事！」「それは大事なことだ」など、みな常用の文句である。

国語辞典にはどれも、大切な事柄、最大の事件、大変などの意味をあげている。これらの意味には宗教的な臭みはないが、実は同じ意味で宗教的用語として、一大事は仏教で最初に使われた純粋な仏教用語である。もとは「一大事因縁」として用いられたが、因縁がとれて一大事となり、一がとれて大事となった。これは「おおごと」とも読む場合がある。

一大事の語句は、漢訳『法華経』方便品(ほん)の中にはじめて出てくるもので、この経典の梵文(ぼんもん)原典にはこれにぴったりの語句はない。漢訳には一大事因縁とある。漢訳、特に鳩摩羅什(くまらじゅう)の訳本で一大事因縁となっている前後の内容を簡単に紹介すると、次のようになっている。

釈尊の十大弟子の一人、智慧第一といわれたシャーリプトラ（舎利弗）が釈尊に正しい仏法を説いてくださいと三度にわたって懇請したので、それほど懇請するならば説法しよう。よく聞き、記憶するように努めなさい、といわれる。そしてさらに、私が説法することは三千年に一度しか咲かないと伝えられるウドンゲが咲くようにまれなことである。その説法がいまここに行われようとしている。私は真実を語る者、確実なことを語る者である。私を信じなさい、私が語る甚深な意味をもつ言葉は君たちがそのまま聞いても理解しまい。というのは、私は数えきれないほどのたくみな方便を用いて、これまで仏法を解説し説明し表現してきたほどだからである。この仏法は凡人の推測の領域をはるかに超えるところのもので、ただ仏となったものだけが理解できるものである。そういえるのはなぜかというと、仏はただ一つの偉大な目的・仕事を成就するために、この人間界に出現するからである。それは仏となったものだけがなし得ることである。私は仏である。私が説法しようとする目的と仕事は、仏の智慧を凡夫に教え、示し、理解させ、さとらせるためである。このただ一つの偉大な目的と仕事を達成するために私は説法するのだ、といって、説法される。

いまの経典において、ただ一つの偉大な目的か仕事のためにというところが一大事因縁に当たる。これは、仏の智慧を教え（開）、示し（示）、理解させ（悟）、さとらせる（入）ことの目的と仕事である。この仏の「目的と仕事」（一大事）にめぐりあい、その恩恵に浴する凡夫は幸せであり、これは仏法に値遇することの困難なものにとって、まさに人身をもって生まれきたって、値遇の機会を得た幸せを自覚しなければならない。このことすべてが一大事因縁といわなければならない。

禅宗では一大事の意味の中で、仏の智慧をさとる（入）という点が強調されて、「大悟」という意味に一大事を解釈した。例えば『正法眼蔵』嗣書の巻には、大事打開という語句がある。これは仏祖の一大事を開くということだが、「さとる」という意味である。

このように、一大事の意味も時代と宗派によって異なることがわかり、日常用語の一大事とはかなり違った意味であったことがわかる。

（田上太秀）

脱落

脱落、文字通りにいうと脱け落ちることである。あるべきところにものがない。例えば羽毛が脱落しているとか、文字が脱落しているとかいう。落伍する意味に使うこともある。とにかく、脱落の意味は抜け落ちたものをもとにもどすとか、再生するとかなどをいい、どちらかといえば、よい意味には用いられていない。

この語はもともと、仏教、特に禅宗で盛んに用いられていたもので、そこでは捨て去るという意味であった。『正法眼蔵』を例にとってみれば、そこに脱落身心、身心脱落などの表現がある。これらの脱落は捨て去る、遠離するという意味にとれる。要するに、脱落は解脱と同義に考えてよい。自己の身体・心による束縛から解脱することが脱落である。自己とか他人とかいう区別から遠離すること、他人の身心からの束縛から解脱すること、これも脱落の意味である。

道元は、仏道をならうことは自己をならうことで、それは自己を忘れること、つまり自己への執着をはなれることだと教えた。忘れるとは、自己の身心とか他人の身心とかの相対的執着をはなれる（脱落）ことだという。

インドの仏教でいえば、脱落に相当する語として、解脱が考えられる。具体的にいえば無執着、つまり執われのないことである。さらに詳しくいえば、遠離・厭離ということである。自己の身体、他人の身体を観察してそこに不浄を観じ、厭嫌の感情を抱き、それから離脱を願う。心を観察して、心の執われに惑わされる自己を知り、心の執着から遠離する。これらは身心による執着、身心に対する執着をすべて厭離・遠離することをいう。これは解脱である。脱落である。

道元が正師として教えをうけた如浄から、印可証明に当たってうけた言葉は、脱落身心であった。坐禅に参学することの他に正伝の仏法はない、と教えられた道元は、脱落身心はただひたすらに坐禅するところにあると会通した。

心によって坐禅するのではない、身体によって坐禅するのでもない、身心相応して坐禅するのでもない。身心をぬきにして坐禅するのでもない。つまり「……によって」という方法的坐禅に脱落身心はなく、参禅はないとした。ただ打坐の上に坐禅があり、坐禅の相続だけであり、身心の坐禅ではなく、坐禅の坐禅である。身心の概念も観念も超出した坐禅、それが脱落身心の坐禅という。

何によってとか、何のためにとかの坐禅ではない。ただ坐禅あるのみ、それが脱落無為の坐禅といっている。そうなると、脱落身心ということではなく、ただ脱落脱落としかいいようがない。身心の当体は脱落し切っているからである。つまり脱落というのは、一切の身心（自他の身心）の束縛をはなれているから、一切の概念も観念も脱落しきっていることである。ところが一切の束縛をはなれていること、すなわち脱落といったら、これは脱落を定義づけすることになる。これはまだ、その定義づけ、概念規定に束縛されている。一切からの脱落ではない。したがって、真の脱落は脱落を脱落し尽し、脱落を相続することである。脱落の連続である。つまり脱落脱落である。道元のいう只管打坐（しかんたざ）とは、まさにこの脱落脱落であったといえる。

脱落のもとを探れば、仏教用語であるが、それははなはだむずかしく、理解するには日常の常識的観念を脱落しなければ、脱落に到達できないようである。

（田上太秀）

無事（ぶじ）

「御一同様におかれましては、ご無事でなによりです」「無事で達者かね」などと無事を使っている。何事もなく、わざわいもなく、元気であることが無事の意味である。どちらかといえば、身体が壮健であることを無事であるという場合が多いが、場合によっては、仕事が順調に運んだことを無事に終わったということもある。

この語の語源を探ると、仏教語の「無事」からきたものであることがわかる。仏教の古い経典に見られる無事の意味は、身体的というより、精神的な面のことを表す語であり、わずらいがない、という意味である。くわしくは、すべてのものにこだわりをもたず、ひっかかりがない、障りのない心の状態を無事といっている。

この心の状態にあり、人間本来のすがたに徹して淡々と生きている人、端的にはさとりに達していて、何もなすことがない人を無事の人という。また、別の意味からいえば、無学の人ともいえる。今日、無学といえば、教育がなく、教養のない人、あるいは文字さえ読めぬ人を無学者という。よく「私は無学で何もわかりません」という人がある。この無学は二つの意味をもっている。いま述べたようなまったく学問がないことの意味と、その反対の意味とがある。仏教では、修行者の最高位を阿羅漢(あらかん)という。これを別名無学者という。もう学ぶべきことがなく、なすべきことをみな終えた人をいう。まだ学び、なすべきことがある人を有学者といっている。仏教では無学者といえば懼(おそ)れ多いすぐれた修行僧のことである。釈尊のことも阿羅漢ともいうところから、無学者とは仏ということと同じである。無学者とは無事人と同じことでもある。実は今日用いる無学の語は、もともと、いまいった仏教語にその語源があったことを知らなければならない。

禅の思想史では、黄檗(おうばく)以後になると「無事」の語が重視されたが、はじめの頃は「無心」の語が多く用いられていた。

禅宗では無事人という語をよく用いる。この人の心境界をまた無事界裡(かいり)という。無事とは要するに求めるべきものもなくなり、行うべきこともなくなった寂静無為(じゃくじょうむい)の境地をいうが、禅宗ではこれを本来の自己に立ち還(かえ)った安らかさとしてとらえている。

一般にはよく臨済禅と曹洞禅とを区別するときに、前者を看話禅(かんな)(師から与えられた公案を商量工夫する禅の修行法)といい、後者を黙照禅(もくしょう)(沈黙して坐禅するのを主とし、照、すなわち智慧のはたらきを従とする禅の修行法）という。この黙照禅、つまり曹洞禅をまた無事禅ともいう。つまり、さとりを求めず、さとりを省みることのない修行をする禅ということである。

無事は達者という語にも通ずる。今日、達者とは「元気健康」という意味であるが、もともと、仏教で使われる達者とは真理に到達したもの、さとりを得た人という意味であった。禅宗でよく用いる語で、ほかに達人とか達道人などの表現もある。黙して坐禅し、すべてのものを洞察し、徹底して知悉（ちしつ）しないものは何もないところに到達した人を達者という。またなすべきもののないところに住している人、それが達者といわれ、無事の人といわれている。

（田上太秀）

面目（めんぼく）

「面目ない、いやあ、合わす顔がない」とわびることが多い。面目の語はふだんよく用いるが、「面目って何だ」といわれると、答えるのにちょっと戸惑うことがある。

文字通りに調べると、面は人の顔の形をかたどった字で、顔のことである。目は顔のかなめで面目と合成して「かお」の意味となる。日頃使う言葉の中に面目を使った慣用句は数多い。面目まるつぶれ、面目が立つ、面目をほどこすなどがある。これらの用例は、名誉とか対面とかいう意味の面目である。『日葡（にっぽ）辞典』の説明によると、意味によって読みが異なるという。すなわち、名誉・体面の意味を表す場合は、「めんぼく」と読み、顔の意味の場合は、「めんもく」と読んで区別するのがふつうであると説明している。しかし実際には、あまりこのように区別して読んでいるかどうかは確かではないが、一応の区別をして読むことは必要かもしれない。

面目の語は、実は古くから仏教、特に禅宗の用語としてあった。禅宗では思想的に重要用語の一つとして用いられてきた。

面目が「顔のかなめ」で、顔の中で最重要の一つであることから、禅宗でもこの意味をさらに敷衍して用いている。禅宗では面目を「めんもく」と読み、骨髄とか真理とか、あるいは根本の真義とかの意味にとっている。「眼横鼻直」という有名な禅語がある。顔の中で眼は横に並び、鼻は真直ぐに縦についている。生まれたときから、あるいは生まれる以前からそうであって、人為を加えたものでなく、人の作為がなく、本来そうであったことに何の疑いもなく、不自由もなく、これらを用いている。これには偽りもなく、まやかしもなく、たぶらかしもない。これこそ真理である、という。これと同じことを面目と禅宗ではいう。

面目は、自然のままにして、些少の人為を加えない、本来人間が具備する心性で、これがさとりを得た境地において顕現するのである。

禅宗では本来面目というい方をする。それは自己の本来のすがた、自己の如実のすがたということで、仏教的にいえば、本来具備する仏性（仏となるべき素質）ということである。また本来面目とは迷いのない自己とも、汚れのない自己ともいう。つまり父母未所生（自己を生んだ父母、その父母の父母、さらにその父母の父母とさかのぼり、究竟の父母がまだ生まれない以前のときの状態、端的にいえば、絶対無差別）の自己をいう。『正法眼蔵』唯仏与仏の巻の中で、道元が述べる本来面目を要約して紹介しよう。

最高の智慧をもった人となったとき、かれを仏といい、智慧が仏の智慧であるとき、これを無上の智慧という。そしてその人、その智慧の如実のすがた（面目）を知らないことが愚かという。その面目は何かといえば、煩悩にけがされ、煩わされないこと（不染汚）である。不染汚とは、こうしようと無理にすることでもなく、取捨のはからいもないことである。自然に、こうしようとすることなく、取捨することもなくなったとき、そのときにこそおのずからにして不染汚が実現する。

人の顔を見て、その顔つき（面目）を論ずる。花や月を見て、好悪の注文をつける。春は春の風趣、秋は秋の風情があるのに、人は好みで注文をつける。つねに人は自己の「私」をそこにすえてものを見聞したり、取捨したり、動揺したりする。ものにはすべて本来面目、眼横鼻直であるにもかかわらず、人間の側からものを曲折して見る。実は、いやだという色もなければ、いって染まりたいと思う色もないのだとさとるならば、その時、自然に智慧の道に行履すべきものが現れてくる。それが本来面目というものである、と道元は教える。このとき面目現成という。つまり、さとりに会通したのである。

面目の意味を読者におわかりいただけただろうか。わかっていただけないならば、私の面目が立たず、面目まるつぶれということになる。

（田上太秀）

投機（とうき）

投機の語は、今日では経済用語として知られるが、もともと、これは禅用語である。経済学辞典によれば、投機に相当する英語はスペキュレーション（speculation）となっており、ラテン語のスペクラーリー（speculārī 観察する、監視する）が語源である。この語源をもつスペキュレーションは熟考、推測という意味をもち、この訳語として経済学では投機を当てている。この訳語を最初に採用したのは誰で、いつからかはわからない。

経済学の方でいう投機とは、価格変動がはげしく、かつ見通しがつけにくい商品を対象にして行われる売買行為のことをいう。計画経済でない場合、経済の将来の変動を完全に予見することは不可能であり、したがって売買には必ず損失の危険が随伴するわけである。予見能力が特にすぐれた人がそれにしたがって売買して、大きな利益を得る目的で行う売買が投機といわれている。

いま述べたように商品の価格変動がはげしく、見通しがつけにくい気運の変化を機と考えているようで、それに金銭を投ずる、あるいは商品の価格変動（機）を予見し、予見が変動に適合する（投）ことが経済学における投機の意味であろう。

この投機はもとは実は禅用語である。人間対人間の関係において用いられているものである。機の語にはさまざまな意味があり、用法によって意味も異なるが、通じていえるのは心のはたらき、能力を指す語である。心のはたらきの可能性が、何かのはずみで、例えば仏の教えに触れることによって作用する。凡夫の心のあり方が、仏弟子の修行に則（のっと）った心のあり方への変化をもたらす素質が人間に本来具備されている。それを機といっている。機にも能力の差があり、教えを聞いて必ずさとりを得るもの、そうでないもの、そしてどちらとも決定しがたいものなどあるといわれる。このような意味から、機を、教えを聞く人、修行者あるいは弟子という意味にもとる。

禅宗では投機を弟子の機と師の機とが相投じて冥合（みょうごう）することと解釈する。つまり師弟の互いの心のはたらきのやりとり、相手の心と感応し、道が交通し融通し通達しあうことによって心が開明し、さとる場合を投機といっている。心のはたらきは千変万化で、形もなく、色もなく、一処に定住するものでない。まったくとらえどころのないものである。その心と心との冥合であるから、経済学で借用した投機の意味は、このへんのところをとったものであろうか。

（田上太秀）

玄関（げんかん）

玄関は今日、住居の出入り口を称する語として用いられるが、アパートなどの場合は、その出入り口を玄関とはあまりいわない。住宅の広告チラシにある平面図を見ると、一戸建の家の場合には出入り口を玄関と明示しているが、アパート、マンションの場合には玄関と明示してはない。マンションの場合は特にポーチと書いてあるのも見られる。玄関という語が、どちらかというと格式張った感じをうけるのだろうか。

玄関の語が出入り口の意味をもつようになったのは、江戸時代以後のことらしい。もともと、玄関をつけるのは武家だけであって、町家にはそれをつけるのを禁じられていたようである。実は貴族の住宅や武家屋敷の玄関は、禅寺の書院の入り口、本堂の昇降口が玄関といわれていたものを転用したのだといわれる。

室町時代から桃山時代にかけて盛んになった書院造りは、禅寺の書院の形式を武家や公家（くげ）の住宅に取り入れたものであるから、当然その出入り口に玄関の形式を設けている。

玄関という語が日本の文書ではじめて現れたのは、鎌倉時代末に書かれた建長寺の古図であろうといわれる。

玄関の語はもとは住居の出入り口の意味ではなかった。玄関の玄とは微妙な道理のこと、関とは要所の出入り口のことで、玄関とは微妙なる道理の入り口をいう。『倶舎論』の註釈書である『倶舎論頌疏』第一に「斯の論（倶舎論のこと）は乃ち四含（四種のアゴン経）の幽鍵、六足（アビダルマ仏教の重要な六種の論書）の玄関……」とあるが、これは真理への関門の意味である。また『景徳伝燈録』第二十八に「玄関を啓鑿し、般若の妙門を開く」という玄関は、公案（さとりへ導くために工夫させる問題）の意味である。いずれの玄関の意味にしても、仏陀や祖師たちの示教によって、深遠秘蔵の真理へ通ずる関門をいっている。

ところで、この仏教語が禅寺の書院の入り口を称するために用いられたのは、室内の玄談は幽微にして容易に透過することができないことを喩えているがためである。

（田上太秀）

行李（こうり）

行李といっても、今日ではあまり見かけないが、昔の人ならばすぐおわかりと思う。つまり柳行李（やなぎごうり）である。柳条で編んだつづらの一種である。材料には柳だけでなく竹や籐（とう）などもある。

昔は、一般家庭では衣類を入れるものを指したが、古代、正倉院（しょうそういん）にあるものは文庫として用いられたものが行李であったらしい。

古くは、中国でも用いられたが、それは旅行時の物入れが行李といわれ、今日でいうトランクに当たるものであった。ところがこれもまだ新しい時代の行李の用語で、さらに古くは使者の意味であった。

行李の李は理に通じ、理は吏に通じ、「行き、事を理（おさ）める者（吏）」というのが行李のもとの意味であった。これがのちに旅行者の必要品を入れるものの意味になったらしい。仏教（特に中国・日本の仏教）でも修行僧の用具入れの箱を行李と呼んでいる。

例えば、『正法眼蔵』伝衣の巻に、「俗なほいはく、その人の行李（あんり）を見るのは、すなわちその人を見るなり」とあるのは、用具箱（行李）に入っている持ち物を見れば、その修行者が本物であるのかどうかがわかるという意味である。ここでは、「こうり」とは読まず、「あんり」と読む。禅宗では袈裟を崇重し、礼拝する、それは袈裟こそが正伝の仏法であり、それにすべての仏の功徳が具備されているからという。だから行李の中にそれが収められているか否かが、その修行僧の真贋を確かめる証拠となるとも解釈される。

このように行李は入れ物という意味で用いられている場合が多いが、禅宗ではこれをさらに別の意味にも使用している。行李を行履ともいい、禅修行僧の日常におけるすべての行住坐臥の起居動作の意味とする。つまり行為・実践の意味にも行李を用いた。この場合は、行李の原意である使者の転訛であろう。『正法眼蔵』現成公案の巻に「もし行李をしたしく箇裏に帰すれば、万法われにあらぬ道理あきらけし」と。すなわち、仏祖先徳の足跡（行李）をつぶさに踏んで、そこに到達するならば、すべてのことが「私」ではない道理が明瞭となる、というくらいの意味である。ここの行李は先人の実践を指している。ここでは、行李の原意からはずれて履を強調した行履という意味になっていることがわかる。

行李、柳行李を見るたび、このような深い意味の行李もあることを思い出していただきたい。

（田上太秀）

蒲団

一般に寝具のことを「ふとん」といい、坐るときの敷物を「坐ぶとん」という。中味は従来は綿や羽毛などをつめこんだものが多かったが、現在では化学せんいやウレタンなどの化学製品を使っているのが多い。

今日では「ふとん」は「布団」と書くのがふつうだが、もとは「蒲団」と書いた。団はいろいろなものをあつめて、まるくしたものをいい、例えば疑団といえば、疑問のかたまりというような使い方をする。「多くの人々が一団となって、ことを行う」というのも、あつまり、一つのかたまりとなることをいう。布団は、布袋の中にものをあつめてまるいかたまりにしたものが文字通りの意味だが、寝具の布団や今日の坐布団にまるいものは見当たらない。四角いものが常識となっている。

実は、ふとんというのは、もと禅宗で坐禅の時に用いる蒲団のことをいい、別名、坐蒲ともいっている。このふとんといわれるものに綿を入れるようになったのは、近世になって綿栽培が盛んになってからといわれる。それ以前は、蒲団は文字通り、蒲をつめたものであった。

蒲は水草の一種で、これを枯れ草にしてつめこんだようであるが、あるいはこれを編んで平たい円形の敷具にしたものも蒲団であったとも考えられる。

このふとんにはパンヤをつめたものもあった。これは熱帯に栽培されるとげのある枝と円形の葉をもつ常緑喬木で、これの種子に長い毛がついている。この毛をつめてつくった蒲団もあった。パンヤと蒲がふとんの中味であったらしい。一般に蒲団、坐蒲と書いたのは、もとは蒲で編んだ偏平の円形の敷具であったであろう。それがまるい団子の形の敷具となったのであろう。現在、坐禅のときに用いるものは団子形の蒲団である。

直径約三六センチで、その上に坐っても高さは五センチから九センチぐらいに保てるほどに中味の綿がつめてある。

インドの仏教修行者は坐具といって、坐臥のときに長方形の布地の敷具を用いたらしい。大きさは六〇センチ×四五センチほどのものと定められていたが、時代を経るにつれてより大きいものもつくられた。中国禅宗にみるような蒲団はなかったようである。

(田上太秀)

知事（ちじ）

「東京都知事」、「大阪府知事」などの用語として知事は知られている。知事という職は、日本では明治時代に設けられた官職の一つで、造幣事務を取り扱う最高責任者であった。それが今日では、各都道府県を統轄する代表者としての最高責任の職分が知事といわれる。知事の語はもと州事（州の事務）を知（つかさ）どるという意味であって、中国では州県の長官を知事とした。中国でかつて用いられた意味の知事が日本では踏襲されたものであろうが、実は、仏教にも知事の用語はあった。これが仏教以外で用いられていたもので、それを仏教で借用したものかどうかは不明だが、おそらくは借用であろうと考えられる。

知事と漢訳された原語はサンスクリット語のカルマ・ダーナ（Karma-dāna）であったようで、諸作業をすすんでとり行うことを意味した。授事とも任事とも訳されているようだが、庶務を司（つかさど）り、教団の財物を保護し、よく戒を厳守し、公平な心を有する人を知事とした。ところが、この原語の音写語羯磨陀那（こんまだな）の那と鋼維（こうい）（寺の事務を管掌するもの）の維とを合成してできた維那がもとの知事に当たる職務であるように思われる。

禅宗では禅林の事務の運営を司る責任ある役職位を知事といった。禅林では職務多般のために、このほかに頭首というものがあった。講堂に相当する、法を説く法堂の東側に序列する職位の総称を知事といい、西側に序列する職位の総称を頭首といっている。頭首は知事に次いで禅林で中心となる職務で、記録をする役、経典類の管理役、接待役、浴場の係、仏殿の管理役などが頭首である。

知事に六種あり、都寺、監寺、副寺、維那、典座、直歳である。前の三つは寺内一切の庶務を司る役で、もとは都寺だけであった。監寺は寺院の諸事を総領するもので、副寺は日常の金銭、米麦などの会計出納を掌る職位である。維那は僧堂内の綱紀を掌る職位である。僧堂内の監督、取り締り、修行僧の指導、読経時の経題目や回向文を読みあげるなどの役目を担当する。典座はもとは禅林の規矩を掌る職位であったが、のちになって食事や牀座の担当職務となった。これは禅林で非常に重要な職務であり、この職務につくことをほこりとしている。道元が中国に留学した折、乗ってきた停泊中の日本船に、椎茸を求めにきた典座の老僧を招じ入れた。そこでかような老僧が典座ごときとはと疑ったが、典座がいかに重要な職務であるかを老僧に教えられた。日本では若手の新参者が典座に当たるのがふつうと考えられており、この老僧ごとき人は経典を読み、後輩の指導に当たるのがふつうである。それがいま聞くところはまったく逆であった。道元の仏教観は根底からくつがえされてしまった。今日禅林でも典座は重要な職務とされ、修行されている。直歳は営繕耕作などすべての作業に関することを掌り、「一年間当番に当たる人」の意味であるが、別に一年間と限っているわけではない。

以上の六知事が中心となり、六頭首が片腕となり、禅林は運営され、活動している。知事人事（にんず）というのがある。人事（じんじ）といえば、日常、身分とか能力に関することがらとかなどに用いられる用語であるが、実は禅林ではあいさつのことをいう。禅林で年間の一定の日に行礼としてあいさつ（人事（にんず））がある。このうち六知事が寺院の住持和尚に向かってあいさつをすることを知事人事という。今日でも、いろいろの職場で年一回人事異動があると必ずあいさつ廻（まわ）りがある。これは禅林のしきたりを踏襲しているのであろうか。

（田上太秀）

中村　元（なかむら　はじめ）　一九一二年生まれ。東京帝国大学文学部卒業。東京大学名誉教授、東方学院学院長、比較思想学会名誉会長、学士院会員などを歴任。仏教思想・インド哲学の第一人者。紫綬褒章、文化勲章、勲一等瑞宝章受章。九九年没。

田上太秀（たがみたいしゅう）　一九三五年生まれ。駒澤大学仏教学部卒業。東京大学大学院人文科学研究科修士課程修了（印度哲学）。文学博士。仏教学専攻。駒澤大学教授、駒澤大学禅研究所所長などを経て、現在、同大学名誉教授。

津田真一（つだしんいち）　一九三八年生まれ。東京大学文学部卒業。同大学大学院人文科学研究科修士課程修了(印度哲学)。Ｐｈ．Ｄ．（キャンベラ）。文学博士。インド密教専攻。国際仏教学大学院大学教授などを経て、現在、真言宗豊山派真福寺住職。

上村勝彦（かみむらかつひこ）　一九四四年生まれ。東京大学文学部卒業。同大学大学院人文科学研究科修士課程修了（印度哲学）。サンスクリット文学専攻。東京大学教授などをつとめた。二〇〇三年没。

本書は、一九九八年七月に東京書籍より刊行された
『続 仏教語源散策』第二版を文庫化したものです。

続 仏教語源散策

中村 元＝編著

平成30年 7月25日　初版発行
令和7年 1月10日　7版発行

発行者●山下直久

発行●株式会社KADOKAWA
〒102-8177　東京都千代田区富士見2-13-3
電話　0570-002-301（ナビダイヤル）

角川文庫 21066

印刷所●株式会社KADOKAWA
製本所●株式会社KADOKAWA

表紙画●和田三造

ISBN978-4-04-400405-7　C0115

角川文庫発刊に際して

角川源義

第二次世界大戦の敗北は、軍事力の敗北であった以上に、私たちの若い文化力の敗退であった。私たちの文化が戦争に対して如何に無力であり、単なるあだ花に過ぎなかったかを、私たちは身を以て体験し痛感した。西洋近代文化の摂取にとって、明治以後八十年の歳月は決して短かすぎたとは言えない。にもかかわらず、近代文化の伝統を確立し、自由な批判と柔軟な良識に富む文化層として自らを形成することに私たちは失敗して来た。そしてこれは、各層への文化の普及滲透を任務とする出版人の責任でもあった。

一九四五年以来、私たちは再び振出しに戻り、第一歩から踏み出すことを余儀なくされた。これは大きな不幸ではあるが、反面、これまでの混沌・未熟・歪曲の中にあった我が国の文化に秩序と確たる基礎を齎らすためには絶好の機会でもある。角川書店は、このような祖国の文化的危機にあたり、微力をも顧みず再建の礎石たるべき抱負と決意とをもって出発したが、ここに創立以来の念願を果すべく角川文庫を発刊する。これまで刊行されたあらゆる全集叢書文庫類の長所と短所とを検討し、古今東西の不朽の典籍を、良心的編集のもとに、廉価に、そして書架にふさわしい美本として、多くのひとびとに提供しようとする。しかし私たちは徒らに百科全書的な知識のジレッタントを作ることを目的とせず、あくまで祖国の文化に秩序と再建への道を示し、この文庫を角川書店の栄ある事業として、今後永久に継続発展せしめ、学芸と教養との殿堂として大成せんことを期したい。多くの読書子の愛情ある忠言と支持とによって、この希望と抱負とを完遂せしめられんことを願う。

一九四九年五月三日